EVANGELIO SEGÚN TOMÁS

Las Palabras Secretas de Jesús

EDICIONES OBELISCO

Si este libro le ha interesado y desea que le mantengamos informado de nuestras publicaciones, escríbanos indicándonos qué temas son de su interés (Astrología, Autoayuda, Ciencias Ocultas, Artes Marciales, Naturismo, Espiritualidad, Tradición...) y gustosamente le complaceremos.

Puede consultar nuestro catálogo en www.edicionesobelisco.com

Biblioteca Esotérica
EVANGELIO SEGÚN TOMÁS

1.ª edición: junio de 2003
7.ª edición: enero de 2023

Maquetación: *Natàlia Campillo*
Diseño de portada: *Enrique Iborra*

Prólogo, versión y notas: *Juli Peradejordi*

© 2003, Ediciones Obelisco, S. L.
(Reservados los derechos para la presente edición)

Edita: Ediciones Obelisco S. L.
Collita, 23-25. Pol. Ind. Molí de la Bastida
08191 Rubí - Barcelona - España
Tel. 93 309 85 25
E-mail: info@edicionesobelisco.com

ISBN: 978-84-9777-035-4
Depósito Legal: B-24.730-2003

Printed in Spain

Impreso en España en los talleres gráficos de Romanyà/Valls S.A.
Verdaguer, 1 – 08786 Capellades (Barcelona)

Reservados todos los derechos. Ninguna parte de esta publicación, incluido el diseño de la cubierta, puede ser reproducida, almacenada, transmitida o utilizada en manera alguna por ningún medio, ya sea electrónico, químico, mecánico, óptico, de grabación o electrográfico, sin el previo consentimiento por escrito del editor. Diríjase a CEDRO (Centro Español de Derechos Reprográficos, www.cedro.org) si necesita fotocopiar o escanear algún fragmento de esta obra.

Prólogo

El descubrimiento

Cuando en 1945 unos campesinos del Alto Egipto encontraron, casualmente, en Kenoboskión («pastizal de gansos»)[1] una jarra llena de manuscritos sobre papiro, era prácticamente inimaginable que existiera un evangelio más antiguo que los canónicos. Se conocían otros apócrifos pero estos eran, a lo sumo, contemporáneos de los cuatro evangelios aceptados por la Iglesia. Pronto los medios de comunicación se harían eco de la noticia y hablarían del *Evangelio según Tomás* como del «quinto evangelio», llegando incluso a afirmar que contenía «datos desconocidos de la vida de

---

1. Kenosboskión es el lugar donde en el año 320 d.C. san Pacomio fundó el primer monasterio cristiano. Señalemos las constantes referencias en el *Evangelio según Tomás* al *monachos*, traducido habitualmente como «solitario» pero que también podemos traducir como «monje».

Cristo». Como de costumbre, se intentó extrapolar datos históricos a partir de un texto esencialmente simbólico lo cual resulta tan absurdo como, por ejemplo, pretender explicar desde la óptica de las ciencias naturales o la biología un *haiku* japonés que tratara de la caída de las hojas en otoño.

A pesar de que el texto que nos ocupa finaliza con las palabras «El evangelio según Tomás», los expertos no están de acuerdo en que se trate de un evangelio propiamente dicho, y mucho menos en que sea un «quinto evangelio». Henri-Charles Puech, uno de sus primeros traductores, lo define como «una colección de ciento catorce *logia*, la más amplia colección de "dichos de Jesús" o de Palabras atribuidas a Jesús que se nos haya transmitido nunca». Algunas de estas palabras se encontraban en un manuscrito publicado en 1898 llamado «Papiro de Oxyrhynkhos»; muchas aparecen en los evangelios sinópticos y en el *Evangelio según san Juan*. Otras se conocían a través de citas de algunos Padres de la Iglesia.

Se ha dicho que este evangelio está compuesto por párrafos inconexos y que no sigue una trama, como ocurre con los canónicos. Nada más lejos de la verdad. Si bien no hay una trama como podría haberla, por ejemplo, en una novela, sí hay un hilo conductor que no siempre es evidente, pero que el lector descubrirá si medita atentamente estas palabras secretas de Jesús.

El Evangelio esotérico

«He aquí las palabras secretas que ha dicho Jesús el viviente, y que escribió Dídimo Judas Tomás. Y él ha dicho: Quien halle la interpretación de estas palabras, no saboreará la muerte».

Así comienza este evangelio, sin duda más cercano, al menos cronológicamente, a las auténticas palabras de Jesús y que, por desgracia, ha sufrido no pocas alteraciones y deformaciones.[2]

Es importante considerar que si este texto comienza avisándonos de que se trata de unas palabras «secretas», es que bajo el velo de sus parábolas nos está diciendo algo trascendental, algo que no pertenece al mundo profano. Con todo, al menos para nosotros, no se trata tanto de algo reservado a unos pocos «elegidos» o «iniciados», sino, como veremos más adelante, de palabras dirigidas al espíritu y no a la inteligencia de la carne.

Recordemos que ya en las escrituras judeocristianas el corazón designa al hombre esencial, al hombre interior, mientras que el cuerpo o la carne designan al exterior. Esta distinción nos parece esencial para entender de qué trata el *Evangelio según Tomás*.

---

2. Según el estudioso español Roberto Pla, en su libro *El hombre, templo de Dios vivo*, (Ed. Sirio, Málaga, 1990, pág. 31), el texto de este evangelio «debió ser redactado hacia el año 140, a partir de fuentes más antiguas».

Como por otra parte ocurre con cualquier otro texto esotérico tradicional y auténtico, no se trata de descubrir una «clave» que nos permita entenderlo con la cabeza.[3] La inteligencia de este tipo de textos poco tiene que ver con una formación intelectual brillante, con una erudición libresca, sino que dependerá más bien de la apertura del corazón, del deseo interior, de la aspiración sincera y de la humildad. Los textos sagrados no han sido escritos para halagar la inteligencia, sino más bien para conmover el corazón.

Como hemos visto, la redacción de este texto es anterior a la de los cuatro evangelios canónicos y muchas de las parábolas que contiene son abiertamente esotéricas,[4] con lo cual se reafirmaría la tesis de que el cristianismo no fue en sus inicios una religión social y externa, sino una verdadera escuela de iniciación.

---

3. «El esoterismo no tiene nada que ver con una voluntad de secreto, es decir con un secreto convencional... existe una Ciencia Sagrada y desde hace milenios y milenios innumerables curiosos han intentado en vano penetrar sus "secretos"». Véase R. A. Schwaller de Lubicz, *Esoterismo y simbolismo*, Ediciones Obelisco, Barcelona 1981.

4. Roberto Pla, en el libro citado, traduce «secretas» por «ocultas». Este adjetivo, que de entrada no nos parece desacertado, resulta quizás inadecuado a causa del uso abusivo que ha sufrido: ocultismo, ciencias ocultas, etc., refiriéndose a cuestiones que poco tienen que ver con la esencia del tema que nos ocupa.

«Lejos de ser la religión o la tradición exotérica que conocemos actualmente bajo este término, en sus orígenes, el cristianismo tenía, tanto en sus ritos como en su doctrina, un carácter fundamentalmente esotérico y, por consiguiente, iniciático», opinaba René Guénon en sus *Aperçus sur l'Esotérisme Chrétien* (Ed. Traditionnelles, París, 1971). Por todo ello, en este prólogo no intentaremos situar el *Evangelio según Tomás* cronológicamente, ni investigar sus fuentes de un modo riguroso, tarea que nos supera y que ya han realizado investigadores de la talla de Puech, Guillaumont o Doresse. Nuestro empeño se centrará en comentar algunas de estas palabras a la luz de la Tradición, con la intención de ayudar al lector a vislumbrar que se trata de un texto abiertamente esotérico. El significado último de estas palabras trasciende cualquier explicación pues no pertenece al dominio de lo racional, sino al de lo suprarracional.

Se ha considerado que el *Evangelio según Tomás* es un evangelio gnóstico, tanto por su lenguaje y su contenido como por el mero hecho de haber sido encontrado junto con otros textos gnósticos. Sin embargo inscribirlo cómodamente entre los evangelios gnósticos, como han hecho muchos estudiosos, puede resultar un tanto equívoco si desconocemos qué era para los primeros cristianos la gnosis.

Es importante que distingamos entre «gnosis» y «gnosticismo». La gnosis es Sabiduría, Conocimiento, mientras que el gnosticismo es un modo de designar a las distintas corrientes o sectas más o menos heréticas que en la época pretendían acceder a la Gnosis. En uno de los evangelios aceptados por la Iglesia, concretamente el de *Lucas* (XI-52) podemos leer:

> «Ay de vosotros, doctores de la ley, porque habéis tomado la llave de la gnosis; vosotros mismos no habéis entrado y a los que iban a entrar se lo habéis impedido».

Huelga decir que el evangelista no fue ningún «gnosticista» ni perteneció a ninguna secta. Con ligeras variaciones, nos encontramos casi con las mismas palabras en el *logión* 39 del *Evangelio según Tomás*:

> «Jesús ha dicho: los fariseos y los escribas han recibido las llaves de la gnosis, y las han ocultado. Ellos no han entrado y a los que querían entrar no les han dejado».

El término que muchas versiones modernas de los evangelios traducen como «sabiduría» o «ciencia», en el texto original griego es «gnosis». Para los antiguos cristianos esta palabra se refería al conocimiento experimental de la divinidad. Procede del verbo *gignosco*, «conocer», de la misma raíz que *gignomai*, «nacer». «Conocer» es «nacer con».

El gnóstico «conoce» no por haber adquirido, poco a poco, un conocimiento, sino que éste le ha sido revelado y porque ha vivido la experiencia sensible de un nuevo nacimiento. Para otro apócrifo, el *Evangelio de Verdad*, el gnóstico «conoce» «como aquel que está ebrio, se desembriaga y vuelve a sí mismo». La misma idea aparece en el *logión* 28: «Los encontré a todos ebrios y no encontré a ninguno sediento».

La alimentación del hombre esencial

Leemos en el *Evangelio según san Mateo* (IV-1) que «no sólo de pan vive el hombre»... Y es que si el hombre exterior vive de pan (símbolo del alimento exterior), el hombre interior vive de otra cosa. El objetivo de la gnosis que transmite nuestro evangelio es, si nos atenemos a sus primeras palabras, «superar la muerte». Pero no se trata, como se podría creer tras una lectura precipitada, de una prolongación de la vida, de una inmortalidad más o menos indefinida dentro del «cuerpo de barro». En el *Evangelio según san Juan* (VIII-51) podemos leer: «En verdad, en verdad os digo: si alguno guardare mi palabra, jamás verá la muerte».

Sin duda esta inmortalidad no se refiere al cuerpo físico, que es como una vestidura, sino al hombre esencial que necesita alimentarse con la palabra de Dios para vivir en la eternidad.

A propósito de este hombre esencial Marie Madeleine Davy escribía en su delicioso librito *El hombre interior y sus metamorfosis:*[5] «El hombre está exiliado de sí mismo [...] y reclama su alimento como un niño hambriento que grita para señalar su presencia a su madre, que lo ha olvidado, momentáneamente». Y, más adelante, «el alimento más sustancial del hombre interior reside en el contacto asiduo con los textos sagrados» y «para el hombre interior la lectura cotidiana de los textos sagrados es análoga a las comidas que cada día ofrece a su cuerpo».

En nuestro evangelio Jesús se maravilla de «¿cómo gran riqueza se ha puesto en esta pobreza?» (Log. 29), aludiendo al hombre interior, al hombre de luz exiliado en este bajo mundo, prisionero del hombre carnal. De ahí la queja de san Pablo cuando escribe en *I Corintios* III-3 «Yo, hermanos, no pude hablarles como a espirituales porque todavía son carnales».

El hombre carnal es «una gran pobreza» porque no se conoce a sí mismo, no conoce su ser esencial, la «gran riqueza» de la cual es portador. Por

---

5. Integral, Barcelona 1985, pág. 7 y 59.

ello mismo, podemos leer en este mismo evangelio (Log. 3): «Pero si no os conocéis a vosotros mismos, sois empobrecidos y sois la pobreza». Esta pobreza no tiene sin embargo nada que ver con la «pobreza en espíritu» de la que nos hablará más adelante (Log. 54): «Bienaventurados los pobres, pues vuestro es el Reino de los Cielos».

Uno de los pasajes más misteriosos del *Evangelio según Tomás* si lo consideramos con los ojos de la carne es el que dice:

> «Tenéis, en efecto, cinco árboles en el paraíso, los cuales no se mueven ni en verano ni en invierno, y cuyas hojas no caen. Aquel que los conozca no saboreará la muerte». (Log. 19).

Se trata del árbol quíntuple y único de la gnosis, que aparece en otros textos como «el árbol de la Vida». Según H. Ch. Puech, estos cinco árboles constituyen los cinco sentidos espirituales del hombre interior. Como los libros de la *Torah*, cuya lectura, una «lectura interior» no puede efectuar el hombre según la carne, sino el hombre espiritual, estos no pueden ser sino cinco.

El hombre interior, aquel al cual van dirigidas las palabras secretas de Jesús y que no conocerá la muerte logra interpretarlas, es un hombre de Luz, como podemos leer (Log. 24): «Hay luz dentro de un hombre de luz».

En alguno de los textos descubiertos junto al *Evangelio según Tomás* se habla del «Adán de luz» y, concretamente en el *Pistis Sofía*, un texto declaradamente gnóstico, podemos leer que «mi hombre de luz tiene oídos». Por ello mismo Jesús insiste tantas veces en que «el que tenga oídos, que oiga». El hombre carnal ni escucha ni oye ni entiende las palabras secretas de Jesús, pero el hombre espiritual, el Adán de luz que tiene oídos, se alimenta de ellas.

Las palabras de este evangelio van dirigidas al alma, a ayudarla en su camino de despertar, y sólo pueden ser comprendidas desde la interioridad. Por ello es recomendable su relectura constante, pues adquirirán sentido a medida que el alma del lector vaya despertando.

El retorno a la unidad

A lo largo de todo el texto del *Evangelio según Tomás* nos encontraremos con alusiones constantes a otro tema caro para los gnósticos: la reunificación de los contrarios para volver a la Unidad original. Se trata, las más de las veces, de palabras o ideas que aparecerán censuradas o amputadas en los evangelios canónicos. Así, por ejemplo podemos leer (Log. 48):

«Jesús ha dicho: Si dos hacen las paces entre ellos en esta misma casa, dirán a la montaña, "¡Muévete!" y se moverá».

Si bien la división en la casa aparece ya en *Mateo* XII-25, su origen debemos buscarlo quizás en el *Génesis* cuando Eva es sacada de Adán, cuestión que para algunos exegetas correspondería a la división del andrógino original. El hecho de que se hable de «división» y «casa» no le resulta extraño a la Cábala que nos enseña que la letra *Beth* significa «casa» y que su valor numérico es 2.

La fe todopoderosa, capaz incluso de mover montañas, le reencontramos en *Mateo* XVII-20.

Los dos que hacen las paces podrían estar simbolizados ritualmente por las dos manos. Por esta razón, hasta que no han hecho las paces, tal como afirma el *logión 62*:

«No dejes que tu mano izquierda sepa lo que hace tu derecha».

Cuando se ha operado la reunificación, se pueden «mover montañas» pues sólo en la unidad es completamente eficaz la oración. Así, para rezar, se han de juntar ritualmente las manos en la posición que todos conocemos. Se trata de un rito exterior que simboliza algo que ocurre en nuestro interior, en «nuestra casa». Otro *logión* (106) repetirá esta idea:

«Jesús ha dicho: Cuando hagáis de dos uno, os volveréis hijos del hombre y cuando digáis a la montaña, "¡Muévete!", se moverá».

Lograr esta unidad es operar la reunificación de los contrarios. En el *logión* 22 podemos leer:

«Cuando hagáis de dos uno, y cuando hagáis lo que está dentro como lo que está fuera y lo que está afuera como lo que está dentro y lo que está arriba como lo que está abajo, y cuando hagáis el macho con la hembra una sola cosa, de tal modo que el macho no sea macho ni la hembra hembra, cuando hagáis ojos en vez de un ojo y una mano en vez de una mano y un pie en vez de un pie y una imagen en vez de una imagen, entonces entraréis en el Reino».

«Entrar en el Reino» o «hacer de dos uno» es en cierto modo lo mismo. Este «uno», del griego *monos*, se halla en el origen del monacato. El este mismo evangelio (Log. 49 y 50) podemos leer:

«Jesús ha dicho: Bienaventurados sean los solitarios y los elegidos porque encontraréis el Reino, pues habéis salido de él y de nuevo entraréis en él». (Log. 49).

«Jesús ha dicho: Si os dicen ¿De dónde habéis salido?, decidles: "Hemos nacido de la luz", allí donde la luz ha nacido de sí misma, ella se ha alzado y ha revelado su imagen [...]». (Log.50).

En otro texto hallado en Kenoboskión, el *Evangelio según Felipe*, se dice que cuando Adán y Eva estaban unidos no había muerte, pero que cuando se separaron ésta sobrevino y que, cuando se vuelvan a unir, ésta desaparecerá.

El solitario, en griego *monakos*, no es aquel que está solo, que se ha retirado del mundo o vive en un monasterio; antes al contrario es el único que no está solo pues ha recobrado la Unidad original. Es el hombre en el cual el Adán y la Eva primordiales han sido reunidos de nuevo. Ese «encontraréis el Reino» como nos dice este mismo evangelio (Log. 3), «está en vuestro interior y está fuera de vosotros»,[6] sin duda porque no se puede hablar en términos de «fuera» y «dentro» cuando ha sido realizada la Unidad.

---

6. Esta es una de las ideas que en los evangelios canónicos aparece amputada. En Lucas XVII-21 se contempla al Reino únicamente dentro de nosotros.

He aquí las palabras secretas[1] que ha dicho Jesús el viviente, y que escribió Dídimo Judas Tomás:

---

1. Lo primero que nos está diciendo este evangelio es que nos hallamos ante las palabras secretas de Jesús. No se trata, pues, de parábolas destinadas al profano, sino que han sido dichas para aquel que no saboreará la muerte. Esto puede entenderse de muchas maneras y hay quien ha pretendido que se trata de palabras destinadas a unos pocos elegidos. Se trata, a nuestro parecer, de una visión absolutamente profana del tema. Aquel que puede entender el sentido último de estas palabras y aquel que no hallará la muerte, se trata siempre del mismo: el hombre interior.

1

Y él ha dicho: Quien halle la interpretación de estas palabras, no saboreará la muerte.[1]

---

1. «Si alguno guardare mi palabra, jamás verá la muerte». *Juan* VII-51. El término utilizado para «interpretación», *hermeneia*, significa «referencia interpretativa de lo que se ve a lo que es». Esta palabra se ha utilizado indistintamente como sinónimo de «traducción» o de «explicación». La idea de que la interpretación de un texto nos va a dar vida es común en la Cábala. Por ejemplo en el *Nefesh haJaim* de Rabí Jaim de Volotzin se nos enseña que «todo discípulo de los Sabios que se entregue a la *Torah* desde su juventud hasta su vejez y muere, en realidad no muere mas queda en vida eterna». También el *Zohar* (152 b) nos dice que «el que se dedica al estudio de la *Torah* es libre, y está liberado de la muerte que no puede dominarlo, porque el que se ata a la *Torah* se ata al árbol de vida». Comentando *Éxodo* XXXIV-28, el *Midrash* dice: «NO COMIÓ PAN, comiendo sólo el pan de la *Torah*; NO BEBIÓ AGUA, tomando sólo el agua de la *Torah*. Aprendió *Torah* [fresca] de día y la revisó de noche. ¿Porqué hizo así? En orden a enseñar a Israel para ocuparse de la *Torah* día y noche».

2

Jesús ha dicho: Que quien busca no deje de buscar hasta que encuentre,[1] y cuando encuentre se turbará, y cuando haya sido turbado se maravillará y reinará sobre el todo.[2]

---

1. «Pedid y se os dará buscad, y hallaréis; llamad, y se os abrirá. Porque cualquiera que pide, recibe; y el que busca, halla; y al que llama, se abrirá». *Mateo* VII-7 y 8. De hecho, como dice un célebre aforismo, «la pregunta es la mitad de la respuesta» y así «buscar» es en cierto modo la mitad de «encontrar». La «turbación» de la que habla es sin duda la que se produce cuando buscar y encontrar se encuentran y se establece la unidad, en el sentido hermético de «el milagro de una sola cosa». La misma idea de turbación aparece en los evangelios cuando los discípulos ven a Jesús caminar sobre las aguas. Este milagro de entrada les produce temor. La turbación que precede al maravillarse es sin duda una experiencia comparable al temor.
2. La exégesis tradicional ha querido ver aquí cinco etapas de una progresión espiritual: 1. Buscar. 2. Encontrar. 3. Turbarse. 4. Maravillarse y 5. Reinar sobre el Todo. El número cinco aparecerá también en los Log. 16 y 19. Estas palabras se encontraban ya en la *Stromata* V de Clemente de Alejandría, que las compara con un pasaje del final del Timeo (90 d 5-9), con la ligera diferencia de que «una vez rey se reposará».

3

Jesús ha dicho: Si aquellos que os guían os dijeran, «¡Ved, el Reino está en el Cielo!», entonces las aves del Cielo os aventajarían. Si os dijeran, «¡Está en el mar!», entonces los peces del mar os aventajarían.[1] Pero el Reino de Dios está en vuestro interior y está fuera de vosotros.[2] Cuando os conozcáis, seréis conocidos[3] y sabréis que sois los Hijos del Padre, que está vivo. Pero si no os conocéis a vosotros mismos, sois empobrecidos y sois la pobreza.

---

1. «Porque este mandamiento que yo te intimo hoy, no te es encubierto, ni está lejos: no está en el cielo, para que digas: ¿Quién subirá por nosotros al cielo, y nos lo traerá y nos lo representará, para que lo cumplamos? Ni está de la otra parte de la mar, para que digas: ¿Quién pasará por nosotros la mar, para que nos lo traiga y nos lo represente, a fin de que lo cumplamos? Porque muy cerca de ti está la palabra». *Deuteronomio* XXX-11 a 15.
2. «... porque el reino de Dios está dentro de vosotros» *Lucas* XVII-21. Cattiaux escribía (*El Mensaje Reencontrado*, Sirio, Malaga 1987, pág. 97) que «fuera de nosotros es todavía nosotros» aludiendo a que lo divino que está en nuestro interior no es distinto de lo que está en el prójimo. Por eso hay que amar al prójimo «como a uno mismo», pues en lo esencial no hay diferencia.
3. De nuevo una alusión a la unidad donde buscador y buscado son lo mismo; conocedor y conocido coinciden.

4

Jesús ha dicho: La persona anciana no vacilará en preguntar a un niño de siete días con respecto al lugar de la vida y vivirá.[1] Pues muchos que son primeros serán los últimos y los últimos primeros.[2] Y se convertirán en uno solo.

---

1. Se ha especulado muchísimo a propósito de este «niño de siete días». Podría tratarse de un niño aún incircunciso (la circuncisión se realiza el octavo día), sin embargo estas palabras también se podrían referir al niño interior.
2. «Y muchos primeros serán los últimos y los últimos los primeros». *Marcos* X-31. Los evangelios canónicos obvian el «se convertirán en uno solo».

5

Jesús ha dicho: Conoce lo que está delante de tu rostro[1] y lo que se esconde de ti se te revelará.[2] Pues no hay nada escondido que no será manifestado.[3]

---

1. La idea de «conocer lo que está delante de nuestro rostro» puede aludir a *Deuteronomio* IV-44: «Esta es la Torah que Moisés puso ante el rostro de los hijos de Israel».
2. Lo visible, si es visto con los ojos del corazón, nos revela lo invisible. «El mundo visible, con todas sus criaturas, no es más que la figura del mundo invisible; lo exterior es la signatura de lo interior... Lo interior trabaja constantemente para manifestarse en el exterior», escribía Karl von Eckartshausen en su tratado *Sobre las Fuerzas Mágicas de la Naturaleza*. Por otra parte, Louis Cattiaux escribía (*El Mensaje Reencontrado*, *op. cit.* pág. 44) que «colocando lo interior al exterior manifestaremos lo invisible en lo visible, y la luz de Dios iluminará la tierra de los hombres». La idea de «conocer lo que está delante de nuestro rostro» puede aludir a *Deuteronomio* IV-44: «Esta es la Torah que Moisés puso ante el rostro de los hijos de Israel».
3. «Pues nada hay oculto que no haya de descubrirse ni secreto que no haya de conocerse y salir a la luz». *Lucas* VIII-17.

6

Sus discípulos le preguntaron: ¿Quieres que ayunemos?, y ¿cómo oraremos? ¿Y cómo daremos limosna, y qué observaremos como dieta? Jesús ha dicho: No mintáis, y no practiquéis lo que odiáis porque todo está revelado ante el Cielo.[1] Pues nada hay escondido que no será revelado, y no hay nada oculto que quedará sin ser descubierto.[2]

---

1. «Y cuando ayunéis, no seáis como los hipócritas, austeros; porque ellos demudan sus rostros para parecer a los hombres que ayunan. En verdad os digo, que ya tienen su pago. Mas tú, cuando ayunes, unge tu cabeza y lava tu rostro para no parecer a los hombres que ayunas, sino a tu Padre que está en secreto: y tu Padre que ve en secreto, te recompensará en público». *Mateo* VI-16 a 18.
2. «Pues nada hay oculto que no haya de descubrirse ni secreto que no haya de conocerse y salir a la luz». *Lucas* VIII-17.

7

Jesús ha dicho: Feliz el león que el humano come y el león se convertirá en humano. Y maldito sea el humano a quien el león come y el humano se convertirá en león.[1]

---

1. Este es sin duda uno de los pasajes más oscuros del *Evangelio según Tomás* del cual ningún exegeta ha logrado dar una explicación exhaustiva y convincente, entre otras cosas porque no hay en los evangelios canónicos ninguno que se le parezca. Davies, por ejemplo, escribe: «Se puede postular que 'león' quiere decir cualquier cosa desde león de Judá hasta la cabeza de gato/león de Yahvé Sebaoth de la *Hipóstasis de los Arcontes*, pero esto nos llevaría a muchas direcciones y a ninguna parte». El león, animal solar es, por otra parte, un símbolo de la luz. El Sol es el planeta que corresponde al día Domingo, el día del Señor (*Dominus*). Cattiaux, (*op. cit.* pág. 116) escribe: «A ejemplo del Señor que comemos y que nos come, el Sabio enseña la luz de vida a los seres extraviados en la muerte». Y, más adelante (pág. 125): «Comeremos el Sol glorioso y estaremos vivos para siempre».

8

Y él ha dicho: El Reino se asemeja a un pescador prudente[1] que echó su red al mar. La sacó del mar llena de pececillos. Entre ellos descubrió un pez grande y bueno.[2] Aquel pescador sabio volvió a arrojar todos los peces al mar, escogió sin vacilar al pez grande. Que aquel que tenga oídos para oír, ¡que oiga!

---

1. «Asimismo el reino de los cielos es semejante a la red que, echada en la mar, coge toda suertes de peces; la cual estando llena, la sacaron a la orilla; y sentados, cogieron lo bueno en vasos, y lo malo echaron fuera. Así será al fin del siglo: saldrán los ángeles, y apartarán a los malos de entre los justos, y los echarán en el horno del fuego: allí será el lloro y el crujir de dientes». *Mateo* XLVII-50.
2. ¿Será este pez un lenguado (en latín *solea*, de *sol-is*, «Sol») y por lo tanto asociable al león del Log. anterior? «Pez grande» es un conocido juego de palabras en hebreo pues *Gadol*, «grande» está formado por las mismas letras que *Dag*, «pez» más una *vav* y una *lamed*. En el Log. anterior se hablaba del león que comía al hombre, en el *Libro de Jonás* se hace también referencia a un «pez grande» que se come a un hombre. Podría ser una referencia al *Sheol*, el mundo de ultratumba.

9

Jesús ha dicho: He aquí que el sembrador salió[1] y llenó su mano con un puñado de semillas, y las esparció. Algunas, por una parte, cayeron en el camino y vinieron los pájaros, las recogieron. Otras, cayeron sobre la roca y no arraigaron en el suelo ni hicieron crecer espigas hacia el Cielo. Y otras cayeron entre espinas, éstas ahogaron la semilla y el gusano se las comió. Y otras cayeron en buena tierra y produjeron buen fruto hacia el Cielo, rindió sesenta por medida y ciento veinte por medida.[2]

---

1. «Salió un sembrador a sembrar y de la simiente parte cayó en el camino y viniendo las aves se la comieron. Otra cayó en un pedregal, donde no había tierra [..] otra cayó entre espinas, las cuales crecieron y las ahogaron. Otra cayó sobre tierra buena y dio fruto...». *Mateo* XIII 3-8.
2. Esta parábola no deja de recordar la célebre historia talmúdica (*Haguigah* 14 b) de los cuatro sabios que entran en el paraíso. Uno muere, otro enloquece y otro se hace apóstata. Sólo uno, rabí Akiva, entra en paz en el paraíso y logra salir de él. De los cuatro puñados sólo uno produce buen fruto.

10

Jesús ha dicho: He arrojado fuego sobre el mundo y he aquí que lo estoy vigilando hasta que arda en llamas.[1]

---

1. «He venido a echar fuego en la tierra, ¿y qué he de querer sino que se encienda?» *Lucas* XII-49. En el Log. 82 podemos leer: «Aquel que está cerca de mí está cerca del fuego, y aquel que está lejos de mí está lejos del Reino». El tema del fuego sagrado está presente en todas las tradiciones y particularmente dentro del gnosticismo. «Encender» es sinónimo de «iniciar», de «transmitir». Esta curiosa frase se podría interpretar también en el sentido de que Jesús ha venido a purificar este mundo y está esperando que la purificación se realice.

11

Jesús ha dicho: Este Cielo pasará y pasará el que está más arriba.[1] Y los muertos no están vivos y los vivos no morirán.[2] En los días en que coméis lo que está muerto, hacéis de ello algo vivo. Cuando estéis en la luz, ¿qué haréis? En el día cuando erais uno, os dividisteis en dos. Pero cuando os dividáis en dos, ¿qué haréis?[3]

---

1. «El cielo y la tierra pasarán, pero mis palabras no pasarán». *Mateo* XXIV-35.
2. Es curioso que este Log. aparezca inmediatamente después del que nos habla del fuego. En su *Mensaje Reencontrado* (*op. cit.* pág. 34) Louis Cattiaux escribe: «El fuego juzgará al mundo podrido, pero los vivientes de Dios saldrán sanos y salvos de la prueba aterradora».
3. Alusión al estado paradisíaco antes de la caída y a la división del andrógino primordial. Cuando habla de «cuando os dividáis en dos» alude sin duda a la separación entre el cuerpo y el alma que tendrá lugar en el momento de la muerte.

12

Los discípulos dijeron a Jesús: Sabemos que te irás. ¿Quién se hará grande sobre nosotros?[1] Jesús les ha dicho: Allí donde vayáis, iréis a Jacob el Justo, para quien el Cielo y la Tierra han sido hechos.

---

1. Según la exégesis oficial esta expresión debe entenderse en el sentido de «¿quién será entonces nuestro maestro?». Sin embargo «se hará grande» podría ser un juego de palabras aludiendo al término «rabí», maestro, de una raíz que significa «multiplicar». La idea de que está señalando al apóstol Santiago como sucesor es harto discutible. Más bien parece que Santiago representa a un lugar concreto (*iréis* a Jacob el justo) hacia el cual hay que dirigirse.

13

Jesús ha dicho a sus discípulos: Comparadme con alguien y decidme a quién me parezco.[1] Simón Pedro le dijo: Te pareces a un ángel justo. Mateo le dijo: Te pareces a un filósofo sabio. Tomás le dijo: Maestro, mi boca es totalmente incapaz de decir a quien te pareces. Jesús dijo: No soy tu maestro,[2] ya que has bebido, te has embriagado en la fuente hirviente que yo he medido. Y lo tomó, se retiró y le dijo tres palabras.[3] Y, cuando Tomás volvió con sus compañeros, le preguntaron: ¿Qué te dijo Jesús? Tomás les dijo: Si os dijera siquiera una de las palabras que me dijo, cogeríais piedras para arrojarlas contra mí y saldría fuego de las piedras para quemaros.

---

1. «Y viniendo Jesús a las partes de Cesarea de Filipo, preguntó a sus discípulos, diciendo: ¿Quién dicen los hombres que es el Hijo del hombre?» *Mateo* XVI-13.
2. «El discípulo no es más que su maestro, ni el siervo más que su señor». *Mateo* X-24.
3. El tema de estas tres palabras ha hecho correr ríos de tinta. Los naasenos hablaban de *treis huperogkoi logoi*, «tres palabras de un peso extraordinario». Para algunos eruditos se trataría de la revelación de que «Yo soy el camino, la verdad y la vida» de *Juan* XIV-6.

14

Jesús les ha dicho: Si ayunáis, os atribuiréis un pecado, y si oráis, seréis condenados. Y si dais limosna, haréis daño a vuestros espíritus. Y si entráis en un país y vais por los campos, si os reciben comed lo que os ponen frente a vosotros y curad a los que estén enfermos entre ellos.[1] Pues lo que entrare en vuestra boca no os mancillará, pero lo que sale de vuestra boca eso es lo que os contaminará.[2]

---

1. «Sanad enfermos, limpiad leprosos, resucitad muertos, echad fuera demonios: de gracia recibisteis, dad de gracia». *Lucas X-8*.
2. «No lo que entra en la boca contamina al hombre; mas lo que sale de la boca, esto contamina al hombre». *Marcos* XV-11.

15

Jesús ha dicho: Cuando veáis a Aquel que no ha sido engendrado por mujer, tendeos sobre vuestros rostros y adoradle, Él es vuestro Padre.[1]

---

1. Nuestro verdadero padre no es nuestro padre terrestre, «engendrado de mujer», sino el celeste: «Padre nuestro que estás en los cielos...».

16

Jesús ha dicho: Quizá los hombres piensen que he venido para sembrar paz sobre el mundo, y no saben que he venido para lanzar divisiones sobre la tierra, un fuego, una espada y una guerra.[1] Pues hay cinco en una casa, estarán tres contra dos y dos contra tres, el padre contra el hijo y el hijo contra el padre.[2] Y estarán (serán) solitarios.

---

1. «No penséis que he venido para meter paz en la tierra: no he venido para meter paz, sino espada». *Mateo* X-34.
2. «Porque estarán de aquí adelante cinco en una casa divididos; tres contra dos, y dos contra tres. El padre estará dividido contra el hijo, y el hijo contra el padre; la madre contra la hija, y la hija contra la madre; la suegra contra su nuera, y la nuera contra su suegra». *Lucas* XII-52 y 53.

17

Jesús ha dicho: Os daré aquello que ningún ojo ha visto y ningún oído ha escuchado y ninguna mano ha tocado y que no ha subido al corazón del hombre.[1]

---

1. «Ni el ojo vio, ni el oído oyó, ni vino a la mente del hombre lo que Dios ha preparado para los que le aman» *I Corintios* II-9. Según Orígenes estas palabras provienen del hoy desaparecido *Apocalipsis de Elías*.

18

Los discípulos dijeron a Jesús: Dinos cómo será nuestro fin. Jesús dijo: ¿Acaso habéis descubierto el principio,[1] para que busquéis el fin? Pues allí donde está el principio, allí estará el fin. Bendito sea aquel que se mantenga en el principio, conocerá el fin y no saboreará la muerte.[2]

---

1. «En el principio era el Verbo, y el Verbo era con Dios, y el Verbo era Dios». *Juan* I-1.
2. Nos encontramos aquí con tres temas: el principio, el fin y la muerte. Trasponiéndolos al alfabeto hebreo serían *Alef* el principio, *Taf* el fin y *Mem* la muerte. Curiosamente *Mem*, la letra que está en medio del alfabeto es la inicial de *Mavet*, «muerte». Véase Louis Cattiaux (*op. cit.* pág. 21): «El fin es como el principio, pero el medio nos ilumina».

19

Jesús ha dicho: Bendito sea aquel que era antes de haber sido. Si os hacéis mis discípulos y escucháis mis palabras, estas piedras os servirán.[1] Tenéis, en efecto, cinco árboles en el paraíso, los cuales no se mueven ni en verano ni en invierno, y cuyas hojas no caen. Aquel que los conozca no saboreará la muerte.[2]

---

1. «Si estuviereis en mí, y mis palabras estuvieren en vosotros, pedid todo lo que quisiereis, y os será hecho. En esto es glorificado mi Padre, en que llevéis mucho fruto, y seáis así mis discípulos». *Juan* XV-7 y 8.
2. Sin duda una alusión a los cinco libros de la Torah, cuyas palabras son Vida. La Cábala habla de cinco almas o cinco niveles del alma basándose en Salmos CIII y CIV donde David repite cinco veces «Bendice, oh alma mía, al IHWH».

20

Los discípulos dijeron a Jesús: Dinos, ¿a qué se parece el Reino de los Cielos? Él les dijo: Se parece a un grano de mostaza, la más pequeña de todas las semillas,[1] pero cuando cae en tierra fértil, produce una planta grande y se convierte en refugio para los pájaros del Cielo.[2]

---

1. «Otra parábola les propuso, diciendo: El reino de los cielos es semejante al grano de mostaza, que tomándolo alguno lo sembró en su campo; el cual a la verdad es la más pequeña de todas las simientes; mas cuando ha crecido, es la mayor de las hortalizas, y se hace árbol, al que vienen las aves del cielo y hacen nidos en sus ramas». *Mateo* XIII-31-32.
2. Si bien el grano de mostaza es la más pequeña de las semillas, la letra *Iod* es la más pequeña del alfabeto. René Guénon, en sus *Símbolos fundamentales de la Ciencia Sagrada* (Eudeba, Buenos Aires, 1969) ya señaló la correspondencia entre el grano de mostaza y la *Iod*.

21

María dijo a Jesús: ¿A qué se parecen tus discípulos? Él dijo: Se parecen a niños pequeños que se han instalado en un campo que no es suyo. Cuando vengan los dueños del campo, dirán: ¡Devolvednos nuestro campo! Ellos están desnudos y le devuelven su campo. Por eso yo digo, si el dueño de la casa se entera de que viene el ladrón, velará antes de que llegue y no le permitirá penetrar en la casa de su reino para que le quite sus pertenencias. En cuanto a vosotros, velad frente al mundo, ceñid vuestros riñones con gran fortaleza para que no encuentren los ladrones un camino para venir hacia vosotros. Pues el provecho con el que contáis lo encontrarían.[1] ¡Que haya entre vosotros un hombre prudente! Cuando el fruto ha madurado, vino inmediatamente, su hoz en la mano, y lo ha recogido. Que el que tenga oídos para oír, ¡que oiga!

---

1. «Esto empero sabed, que si el padre de la familia supiese a cuál vela el ladrón había de venir, velaría, y no dejaría minar su casa». *Mateo* XXIV-43.

22

Jesús vio a unos pequeños que mamaban. Dijo a sus discípulos: Estos pequeños que maman son parecidos a los que entran en el Reino.[1] Ellos le dijeron: ¿Así, volviéndonos como niños entraremos en el Reino? Jesús les dijo: Cuando hagáis de dos uno, y cuando hagáis lo que está dentro como lo que está fuera y lo que está afuera como lo que está dentro y lo que está arriba como lo que está abajo, y cuando hagáis el macho con la hembra una sola cosa, de tal modo que el macho no sea macho ni la hembra, hembra, cuando hagáis ojos en vez de un ojo y una mano en vez de una mano y un pie en vez de un pie y una imagen en vez de una imagen, entonces entraréis en el Reino.

---

1. «En aquel tiempo se llegaron los discípulos a Jesús, diciendo: ¿Quién es el mayor en el reino de los cielos? Y llamando Jesús a un niño, le puso en medio de ellos, y dijo: En verdad os digo, que si no os volviereis, y fuereis como niños, no entraréis en el reino de los cielos. Así que, cualquiera que se humillare como este niño, éste es el mayor en el reino de los cielos». *Mateo* XVIII-1 a 4.

23

Jesús ha dicho: Yo os escogeré,[1] uno entre mil y dos entre diez mil y permanecerán siendo uno solo.[2]

---

1. «Porque muchos son llamados, y pocos escogidos». *Mateo* XX 15.
2. «La muerte sirve a todos, pero sólo uno la emplea como es debido...», escribe Cattiaux, (*op. cit.* pág. 25).

24

Sus discípulos dijeron: Danos a conocer el lugar en el que estás, porque es necesario que lo busquemos.[1] Él les dijo: Que el que tenga oídos, ¡que oiga! Hay luz dentro de un hombre de luz, y él ilumina el mundo entero. Cuando no ilumina, son las tinieblas.

---

1. «Y sabéis a dónde yo voy; y sabéis el camino. Dícele Tomás: Señor, no sabemos a dónde vas: ¿cómo, pues, podemos saber el camino? Jesús le dice: Yo soy el camino, y la verdad, y la vida: nadie viene al Padre, sino por mí». *Juan* XIV-4 a 6.

25

Jesús ha dicho: Ama a tu hermano como a tu alma,[1] vela por él como por las niñas de tus ojos.

---

1. «Amarás a tu prójimo como a ti mismo». *Mateo* XIX-9.

26

Jesús ha dicho: Ves la pajita que está en el ojo de tu hermano, pero no ves la viga que está en tu propio ojo. Cuando saques la viga de tu propio ojo, entonces verás claramente para sacar la pajita del ojo de tu hermano.[1]

---

1. «Y ¿por qué miras la mota que está en el ojo de tu hermano, y no echas de ver la viga que está en tu ojo? O, ¿cómo dirás a tu hermano: Espera, echaré de tu ojo la mota, y he aquí la viga en tu ojo? ¡Hipócrita!, echa primero la viga de tu ojo, y entonces mirarás en echar la mota del ojo de tu hermano». *Mateo* VII-3 a 5. Nuestros enormes defectos nos permiten ver los de los demás, que a menudo son infinitamente menores, pero sólo podremos ayudarles a vencerlos cuando hayamos vencido los propios.

27

Jesús ha dicho: Si no ayunáis del mundo,[1] no encontraréis el Reino. Si no celebráis el Shabat como Shabat,[2] no veréis al Padre.

---

1. Cattiaux escribe (*op. cit.* pág. 268) que «el hecho de absorber la ciencia profana del mundo engendra la ceguera que aleja de Dios y de su revelación prodigiosa».
2. Se puede celebrar el Shabat exteriormente, como lo hacen en la actualidad millones de judíos, o se puede «celebrar el Shabat como Shabat» o sea viviendo la experiencia espiritual simbolizada por el Shabat y todo lo que éste conlleva.

28

Jesús ha dicho: Me he mantenido en medio del mundo y me he revelado a ellos en la carne. Los encontré a todos ebrios y no encontré a ninguno sediento.[1] Y mi alma se ha apenado por los hijos de los hombres, porque están ciegos en sus corazones y no ven que vacíos han venido al mundo y buscan también salir del mundo estando vacíos. Pero ahora están ebrios, cuando hayan expulsado su vino, entonces se arrepentirán.

---

1. El tema de la sed es una constante en la Cábala y en el gnosticismo. El sediento es aquel que tiene en su corazón el deseo de la palabra de Dios. El resto de los hombres está ebrio pues se conforma con las bebidas del mundo caído que le hacen olvidar su origen, como al protagonista de un bello himno gnóstico llamado *Canto de la perla*. El vino es un símbolo de la sabiduría, en este caso de la sabiduría profana. «Ayunar al mundo» (véase el *logión* anterior) es precisamente expulsar esta «sabiduría venenosa».

29

Jesús ha dicho: Si la carne ha sido a causa del espíritu, ¡qué maravilla!,[1] pero si el espíritu ha sido a causa de la carne es una maravilla de maravillas.[2] No obstante me maravillo de esto: ¿cómo gran riqueza se ha puesto en esta pobreza?[3]

---

1. El misterio de la Encarnación.
2. El misterio de la Resurrección.
3. La «gran riqueza» es el alma mientras que la «gran pobreza» es el cuerpo que la alberga en este bajo mundo.

30

Jesús ha dicho: Donde hay tres dioses, son dioses. Donde hay dos o uno, yo estoy con él.[1]

---

1. «Otra vez os digo que si dos de vosotros se convinieren en la tierra, de toda cosa que pidieren, les será hecho por mi Padre que está en los cielos. Porque donde están dos o tres congregados en mi nombre, allí estoy en medio de ellos». *Mateo* XVIII-19 y 20.

31

Jesús ha dicho: Ningún profeta es recibido en su pueblo,[1] ningún médico cura a aquellos que le conocen.

---

1. «Mas Jesús les decía: No hay profeta deshonrado sino en su tierra, y entre sus parientes, y en su casa». *Marcos* VI-4. La idea de que «nadie es profeta en su tierra» procede quizá de Abraham, patriarca de los profetas, que tuvo que «salir de su tierra, de la casa de sus padres» para realizar su misión.

32

Jesús ha dicho: Una ciudad que se construye encima de una montaña alta y fortificada, no puede caer[1] pero tampoco puede ser ocultada.[2]

---

1. «Cualquiera, pues, que me oye estas palabras, y las hace, le compararé a un hombre prudente que edificó su casa sobre la peña; y descendió lluvia, y vinieron ríos, y soplaron vientos, y combatieron aquella casa; y no cayó: porque estaba fundada sobre la peña. Y cualquiera que me oye estas palabras, y no las hace, le compararé a un hombre insensato, que edificó su casa sobre la arena; y descendió lluvia, y vinieron ríos, y soplaron vientos, e hicieron ímpetu en aquella casa; y cayó, y fue grande su ruina». *Mateo* VII-24 a 27.
2. «Vosotros sois la luz del mundo: una ciudad asentada sobre un monte no se puede esconder». *Mateo* V-14.

33

Jesús ha dicho: Lo que escuches en tu oído, proclámalo sobre los terrados.[1] Pues nadie enciende una lámpara para ponerla debajo de un celemín ni la pone en un lugar escondido, sino que se coloca sobre el lampadario para que los que entran y salen vean su resplandor.[2]

---

1. «Lo que os digo en tinieblas, decidlo en la luz; y lo que oís al oído predicadlo desde los terrados». *Mateo* X-27.
2. «Ni se enciende una lámpara y se pone debajo de un celemín, mas sobre el lampadario, y alumbra a todos los que están en casa». *Mateo* V-15.

34

Jesús ha dicho: Si un ciego guía a un ciego, caen juntos en un hoyo.[1]

---

1. «Dejadlos: son ciegos guías de ciegos; y si el ciego guiare al ciego, ambos caerán en el hoyo». *Mateo* XV-14.

35

Jesús ha dicho: Nadie puede entrar en la casa del poderoso y la tome por la fuerza, a menos que le ate sus manos, entonces trastornará su casa.[1]

---

1. «Porque, ¿cómo puede alguno entrar en la casa del valiente, y saquear sus alhajas, si primero no prendiere al valiente?, y entonces saqueará su casa». *Mateo* XII-29.

36

Jesús ha dicho: No os inquietéis de la mañana a la noche ni de la noche a mañana por lo que vestiréis.[1]

---

1. «Por tanto os digo: No os congojéis por vuestra vida, qué habéis de comer, o qué habéis de beber; ni por vuestro cuerpo, qué habéis de vestir: ¿no es la vida más que el alimento, y el cuerpo que el vestido? Mirad las aves del cielo, que no siembran, ni siegan, ni allegan en alfolíes; y vuestro Padre celestial las alimenta. ¿No sois vosotros mucho mejores que ellas? Mas, ¿quién de vosotros podrá, congojándose, añadir a su estatura un codo? Y por el vestido, ¿por qué os congojáis? Reparad en los lirios del campo, cómo crecen; no trabajan ni hilan; mas os digo, que ni Salomón con toda su gloria fue vestido así como uno de ellos. Y si la hierba del campo que hoy es, y mañana es echada en el horno, Dios la viste así, ¿no os hará mucho más a vosotros, hombres de poca fe? No os congojéis pues, diciendo: ¿Qué comeremos, o qué beberemos, o con qué nos cubriremos? Porque los Gentiles buscan todas estas cosas: que vuestro Padre celestial sabe que de todas estas cosas habéis menester. Mas buscad primeramente el reino de Dios y su justicia, y todas estas cosas os serán añadidas». *Mateo* VI-25 a 33.

37

Sus discípulos dijeron: ¿En qué día te nos revelarás y en qué día te percibiremos?[1] Jesús dijo: Cuando dejéis vuestra vergüenza y os quitéis vuestros vestidos y los pongáis bajo vuestros pies como niños pequeños y los pisoteéis, entonces veréis al Hijo de Aquel que está vivo y no temeréis.[2]

---

1. «Le dijo Judas, no el Iscariote: Señor, ¿qué hay porque te hayas de manifestar a nosotros, y no al mundo?» *Juan* XIV-22.
2. Esta desnudez nos recuerda a la desnudez inocente y exenta de vergüenza de Adán y Eva en el paraíso.

38

Jesús ha dicho: Muchas veces habéis deseado escuchar estas palabras que os proclamo, y no tenéis otro de quien oírlas. Vendrán días en que me buscaréis y no me encontraréis.[1]

---

1. «Porque en verdad os digo, que muchos profetas y justos desearon ver lo que veis, y no lo vieron; y oír lo que oís, y no lo oyeron». *Mateo* XIII-17.

39

Jesús ha dicho: Los fariseos y los escribas han recibido las llaves de la gnosis, y las han ocultado. Ellos no han entrado y a los que querían entrar no les han dejado.[1] En cuanto a vosotros, sed prudentes como serpientes y cándidos como palomas.[2]

---

1. «Mas, ¡ay de vosotros, escribas y fariseos, hipócritas!, porque cerráis el reino de los cielos delante de los hombres; que ni vosotros entráis, ni a los que están entrando dejáis entrar». *Mateo* XXIII-13.
2. «He aquí que yo os envío como a ovejas en medio de lobos: sed pues prudentes como serpientes, y sencillos como palomas». *Mateo* X-16.

40

Jesús ha dicho: Ha sido plantada una cepa de viña[1] fuera del Padre, y como no se ha fortalecido será desarraigada y perecerá.[2]

---

1. «Yo soy la vid verdadera, y mi Padre es el labrador. Todo pámpano que en mí no lleva fruto, le quitará; y todo aquel que lleva fruto, le limpiará, para que lleve más fruto» *Juan* XV-1 y 2.
2. «Toda planta que no plantó mi Padre celestial, será desarraigada». *Mateo* XV-13.

41

Jesús ha dicho: Al que tenga en su mano, se le dará. Y a quien no tenga, se le quitará incluso lo poco que tiene.[1]

---

1. «Porque a cualquiera que tiene, se le dará, y tendrá más; pero al que no tiene, aun lo que tiene le será quitado». *Mateo* XIII-12.

42

Jesús ha dicho: Sed transeúntes.[1]

---

1. En el sentido de «sed de los que pasan», como los que, por ejemplo, pasan un río. Es el sentido de la denominación «hebreo», del verbo *abar*: pasar, atravesar un río, cruzarlo. Todo el *Evangelio según Tomás* tiene un tono escatológico más o menos velado. Este Log. bien podría estar aludiendo a la experiencia de la muerte, «el paso difícil», el momento del juicio. Es también el momento en el que «al que tenga se le dará» y al que no tenga «se le quitará».

43

Sus discípulos le dijeron: ¿Quién eres tú, que nos dices estas cosas? Jesús les dijo: Después de lo que os digo, ¿no sabéis quién soy?,[1] os habéis vuelto como los judíos, pues aman el árbol pero aborrecen el fruto, y aman el fruto pero aborrecen el árbol.

---

1. «Díjole Felipe: Señor, muéstranos al Padre, y nos basta. Jesús le dice: ¿Tanto tiempo ha que estoy con vosotros, y no me has conocido, Felipe? El que me ha visto, ha visto al Padre; ¿cómo, pues, dices tú: Muéstranos al Padre? ¿No crees que yo soy en el Padre, y el Padre en mí? Las palabras que yo os hablo, no las hablo de mí mismo, mas el Padre que está en mí, Él hace las obras. Creedme que yo soy en el Padre, y el Padre en mí: de otra manera, creedme por las mismas obras». *Juan* XIV-8 a 11. Árbol y fruto suelen simbolizar al profeta y a sus palabras. Hay discípulos que se quedan «enganchados» en el personaje y no comprenden las palabras: «aman el árbol pero aborrecen el fruto», mientras que otros se quedan en las meras palabras.

44

Jesús ha dicho: Al que haya blasfemado contra el Padre, se le perdonará. Y al que haya blasfemado contra el Hijo, se le perdonará. Pero al que haya blasfemado contra el Espíritu Santo, no se le perdonará, ni en la tierra ni en el Cielo.[1]

---

1. «Por tanto os digo: Todo pecado y blasfemia será perdonado a los hombres mas la blasfemia contra el Espíritu no será perdonada a los hombres. Y cualquiera que hablare contra el Hijo del Hombre, le será perdonado: mas cualquiera que hablare contra el Espíritu Santo, no le será perdonado, ni en este siglo, ni en el venidero». *Mateo* XII-31 y 32.

45

Jesús ha dicho: No se cosechan uvas sobre los espinos ni se recogen higos de las zarzas, pues no dan fruto.[1] Un hombre bueno produce una buena cosa de su tesoro y un hombre malo produce cosas malas de su tesoro malo que está en su corazón y dice cosas malas pues de la sobreabundancia del corazón y produce cosas malas.[2]

---

1. «Porque cada árbol por su fruto es conocido: que no cogen higos de los espinos, ni vendimian uvas de las zarzas». *Lucas* VI-44.
2. «El buen hombre del buen tesoro de su corazón saca bien; y el mal hombre del mal tesoro de su corazón saca mal; porque de la abundancia del corazón habla su boca». *Lucas* VI-45. Sin duda por aquello de que «donde está tu tesoro, allí estará tu corazón». *Mateo* VI-19.

46

Jesús ha dicho: Desde Adán hasta Juan Bautista, entre los nacidos de mujeres, no hay nadie más elevado que Juan Bautista, de modo que sus ojos no serán destruidos.[1] Pero yo he dicho: Aquel de entre vosotros que se vuelva como niño, conocerá el Reino[2] y será más elevado que Juan.

---

1. «En verdad os digo que no se levantó entre los que nacen de mujer otro mayor que Juan el Bautista; mas el que es muy más pequeño en el reino de los cielos, mayor es que Él». *Mateo* XI-11.
2. «En verdad os digo, que si no os volviereis, y fuereis como niños, no entraréis en el reino de los cielos». *Mateo* XVIII-3.

47

Jesús ha dicho: No le es posible a un hombre montar dos caballos ni tirar con dos arcos, y un servidor no puede servir a dos amos,[1] pues honrará a uno y ofenderá al otro. Ningún hombre bebe vino añejo e inmediatamente quiere beber vino nuevo. Y no se pone vino nuevo en odres viejos, para que no se revienten. Y no se pone vino añejo en odres nuevos, no sea que se estropee. No se cose remiendo viejo en ropa nueva, porque se rompería.[2]

---

1. «Ninguno puede servir a dos señores porque o aborrecerá al uno y amará al otro, o se llegará al uno y menospreciará al otro: no podéis servir a Dios y a Mammón». *Mateo* VI-24.
2. «Y nadie echa remiendo de paño recio en vestido viejo; porque el tal remiendo tira del vestido, y se hace peor la rotura. Ni echan vino nuevo en cueros viejos; de otra manera los cueros se rompen, y el vino se derrama, y se pierden los cueros; mas echan el vino nuevo en cueros nuevos, y lo uno y lo otro se conserva juntamente». *Mateo* IX-16 y 17.

48

Jesús ha dicho: Si dos hacen las paces entre ellos en esta misma casa,[1] dirán a la montaña, «¡Muévete!» y se moverá.[2]

---

1. «Otra vez os digo que si dos de vosotros se convinieren en la tierra, de toda cosa que pidieren, les será hecho por mi Padre que está en los cielos. Porque donde están dos o tres congregados en mi nombre, allí estoy en medio de ellos». *Mateo* XVIII-19 y 20.
2. «Si tuviereis fe como un grano de mostaza, diréis a este monte "Pásate de aquí allá" y se pasará y nada os será imposible». *Mateo* XVII-20. El grano de mostaza corresponde simbólicamente a la letra *Iod*, la más pequeña del alfabeto, cuyo valor numérico es 10. Para hacer oración se considera que ha de haber *Minyán*, o sea diez hombres reunidos. (La *kedushah* en la *amidah* o el *kadish* en un entierro requieren *Minyán*). De algún modo el número 10 le proporciona eficacia.

49

Jesús ha dicho: Bienaventurados sean los solitarios y los elegidos[1] porque encontraréis el Reino, pues habéis salido de él y de nuevo entraréis en él.

---

1. Ya vimos en el versículo 23 que «Yo os escogeré, uno entre mil y dos entre diez mil y permanecerán siendo uno solo». Los elegidos son aquellos que han hecho la unicidad de su ser y, más que «solitarios», habría que llamarles «unificados».

50

Jesús ha dicho: Si os dicen ¿De dónde habéis salido?, decidles: Hemos nacido de la luz,[1] allí donde la luz ha nacido de sí misma,[2] ella se ha alzado y ha revelado su imagen. Si os dicen ¿Quiénes sois?, decid: Somos sus hijos y somos los elegidos del Padre que está vivo. Si os preguntan: ¿Cuál es el signo de vuestro Padre que está en vosotros?, decidles: Es movimiento y un reposo.

---

1. «Entre tanto que tenéis la luz, creed en la luz, para que seáis hijos de luz». *Juan* XII-36.
2. «Fuisteis algún tiempo tinieblas, pero ahora sois luz en el Señor; andad, pues, como hijos de la luz». *Efesios* V-8. El lugar «donde la luz ha nacido de sí misma» corresponde sin duda al Oriente simbólico, una alegoría de la Patria original, del paraíso perdido.

51

Sus discípulos le dijeron: ¿En qué día se producirá el reposo de los muertos, y en qué día vendrá el mundo nuevo? Él les dijo: Lo que esperáis ya ha llegado, pero no lo conocéis.

52

Sus discípulos le dijeron: Veinticuatro profetas han hablado en Israel, y todos hablaban dentro de ti.[1] Él les dijo: Habéis olvidado a Aquel que está vivo en vuestra presencia y habéis hablado de los que están muertos.[2]

---

1. «Escudriñad las Escrituras, porque a vosotros os parece que en ellas tenéis la vida eterna; y ellas son las que dan testimonio de mí». *Juan* V-39.
2. «Deja los muertos que entierren a sus muertos; y tú, ve, y anuncia el reino de Dios». *Lucas* IX-60.

53

Sus discípulos le dicen: ¿Es útil la circuncisión, o no? Él les ha dicho: Si fuera útil, su padre los engendraría circuncidados de su madre. Pero la verdadera circuncisión en espíritu sí que ha sido útil.[1]

---

1. «Porque no es judío el que lo es en el exterior, ni es circuncisión la circuncisión exterior de la carne, sino es judío el que lo es en lo interior, y es circuncisión la del corazón, según el espíritu y no según la letra». *Romanos* II-28 y 29.

54

Jesús ha dicho: Bienaventurados los pobres, pues vuestro es el Reino de los Cielos.[1]

---

1. «Bienaventurados los pobres en espíritu, porque de ellos es el reino de los cielos». *Mateo* V-3. La expresión «pobre de espíritu» podría traducirse también como «mendigo del espíritu», lo cual le da un sentido más preciso a la pobreza de espíritu.

55

Jesús ha dicho: Quien no odia a su padre y a su madre,[1] no podrá hacerse mi discípulo. Y quien no odia a sus hermanos y a sus hermanas y no lleva su cruz, no será digno de mí.

---

1. «El que ama padre o madre más que a mí, no es digno de mí; y el que ama hijo o hija más que a mí, no es digno de mí. Y el que no toma su cruz, y sigue en pos de mí, no es digno de mí». *Mateo* X-37 y 38.

56

Jesús ha dicho: Quien ha conocido el mundo, ha encontrado un cadáver y quien ha encontrado un cadáver, el mundo no es digno de él.[1]

---

1. Este Log. es calcado al 80: «Jesús ha dicho: Aquel que ha conocido el mundo, ha encontrado el cuerpo y quien ha encontrado el cuerpo, el mundo no es digno de él». Podemos inferir que 'cadáver' (*Ptoma*) y 'cuerpo' (*Soma*) son lo mismo.

57

Jesús ha dicho: El Reino del Padre se parece a una persona que tiene semilla buena.[1] Su enemigo vino de noche y sembró cizaña entre la semilla buena. El hombre no les dejó arrancar la cizaña. Él les dijo: No sea que vengáis a arrancar la cizaña y arranquéis el trigo con ella. Pues en el día de la cosecha aparecerán las cizañas, las arrancarán y las quemarán.

---

1. «Otra parábola les propuso, diciendo: El reino de los cielos es semejante al hombre que siembra buena simiente en su campo mas durmiendo los hombres, vino su enemigo, y sembró cizaña entre el trigo, y se fue. Y como la hierba salió e hizo fruto, entonces apareció también la cizaña. Y llegándose los siervos del padre de la familia, le dijeron: Señor, ¿no sembraste buena simiente en tu campo? ¿de dónde, pues, tiene cizaña? Y Él les dijo: Un hombre enemigo ha hecho esto. Y los siervos le dijeron: ¿Quieres, pues, que vayamos y la cojamos? Y Él dijo: No, porque cogiendo la cizaña, no arranquéis también con ella el trigo. Dejad crecer juntamente lo uno y lo otro hasta la siega; y al tiempo de la siega yo diré a los segadores: Coged primero la cizaña y atadla en manojos para quemarla; mas recoged el trigo en mi alfolí». *Mateo* XIII-24 a 30.

58

Jesús ha dicho: Bendito el hombre que ha sufrido pues ha encontrado la Vida.[1]

---

1. «Bienaventurado el varón que soporta la tentación porque, probado, recibirá la corona de la vida que el Señor prometió a los que le aman». *Santiago* I-12.

59

Jesús ha dicho: Mirad hacia Aquel que está vivo[1] mientras viváis, no sea que no muráis tratando de verlo sin llegar a verlo.

---

1. Alusión a la *metanoia* o conversión, que ha de realizarse preferiblemente en vida.

60

Vieron a un samaritano que, llevando un cordero, entraba en Judea. Jesús les dijo: ¿Por qué lleva consigo un cordero? Ellos le dijeron: Para matarlo y comerlo. Él les dijo: Mientras está vivo no lo comerá, sino solamente después de que lo mate y se haya convertido en cadáver. Ellos dijeron: De otra manera no podrá hacerlo. Él les dijo: Vosotros mismos, buscad un lugar para vosotros en el descanso, de modo que no os volváis cadáveres y seáis comidos.

61

Jesús ha dicho: Dos reposarán en un lecho, uno morirá, el otro vivirá.[1] Salomé dijo: ¿Quién eres tú, hombre en tanto que hijo de quién? Has subido a mi lecho y has comido en mi mesa. Jesús le ha dicho: Soy el que viene del Cielo que es igual. A mí me han sido dadas cosas de mi Padre. Salomé dijo: Yo soy tu discípula. Jesús le dijo: Por eso yo digo que cuando sea igual, estará lleno de luz, pero cuando fuere separado se llenará de tinieblas.

---

1. «Os digo que en aquella noche estarán dos en una cama; el uno será tomado, y el otro será dejado». *Juan* XVII-34. En relación al tema del «matrimonio sagrado» y de las discípulas de Jesús, véase *La Diosa en los evangelios* de Margaret Starbird, Ediciones Obelisco, Barcelona 2000.

62

Jesús ha dicho: Yo digo mis misterios a quienes son dignos de mis misterios. No dejes que tu mano izquierda sepa lo que hace tu derecha.[1]

---

1. «Mas cuando tú haces limosna, no sepa tu izquierda lo que hace tu derecha, para que sea tu limosna en secreto: y tu Padre que ve en secreto, Él te recompensará en público». *Mateo* VI-3 y 4.

63

Jesús ha dicho: Había un hombre rico que tenía mucho dinero,[1] y dijo: Emplearé mi dinero para sembrar, cosechar y plantar, para llenar mis graneros con fruto para que nada me falte. Así pensaba en su corazón y aquella misma noche murió. Que aquel que tenga oídos, ¡que oiga!

---

1. «Y refirióles una parábola, diciendo: La heredad de un hombre rico había llevado mucho; y Él pensaba dentro de sí, diciendo: «¿Qué haré, porque no tengo donde juntar mis frutos?» Y dijo: «Esto haré: derribaré mis alfolíes, y los edificaré mayores, y allí juntaré todos mis frutos y mis bienes; y diré a mi alma: Alma, muchos bienes tienes almacenados para muchos años; repósate, come, bebe, huélgate». Y díjole Dios: Necio, esta noche vuelven a pedir tu alma; y lo que has prevenido, ¿de quién será? Así es el que hace para sí tesoro, y no es rico en Dios». *Lucas* XII-16 a 21.

64

Jesús ha dicho: Una persona tenía huéspedes. Y cuando había preparado la comida, envió a su sirviente para convidar a los huéspedes. Fue hacia el primero, y le dijo: Mi amo te invita. El otro dijo: Tengo que cobrar dinero de ciertos comerciantes. Tienen que venir a mi casa por la noche. Ruego ser excusado del banquete.

Fue a otro, y le dijo: Mi amo te ha invitado. Éste le respondió: He comprado una casa y me exigen por un día, no estaré disponible.

Fue a otro, le dice: Mi amo te convida. Éste respondió: Mi amigo va a casarse y tengo que preparar un festín, no podré venir, ruego ser excusado del banquete.

Fue a otro, le dice: Mi amo te convida. Éste le respondió: He comprado una granja, voy a cobrar las rentas, no podré venir, ruego ser excusado. Vino el esclavo y dijo a su amo: Los que ha invitado al banquete se han excusado a sí mismos.

Dijo el amo a su esclavo: Sal fuera, a los caminos, y a aquellos que encontrares tráelos, para que coman. Los comerciantes y los mercaderes no entrarán en los lugares de mi Padre.

65

Él ha dicho: Un hombre de bien tenía una viña.[1] La arrendó a los obreros para que la trabajasen y recibir de ellos su fruto. Mandó a su sirviente para que los obreros le dieran el fruto de la viña. Agarraron al sirviente, lo golpearon y poco faltó para que lo mataran. El sirviente fue y se lo dijo a su amo. Éste contestó: Quizá no lo han reconocido. Mandó a otro sirviente y los obreros también lo golpearon. Entonces el amo mandó a su hijo. Dijo: Tal vez tendrán consideración para con mi hijo. Cuando los obreros supieron que era el heredero de la viña, lo agarraron, lo mataron. Que el que tenga oídos, ¡que oiga!

---

1. «Oíd otra parábola: Fue un hombre, padre de familia, el cual plantó una viña; la cercó de vallado, y cavó en ella un lagar, y edificó una torre, y la dio a renta a labradores, y partió lejos. Y cuando se acercó el tiempo de los frutos, envió sus siervos a los labradores, para que recibiesen sus frutos. Mas los labradores, tomando a los siervos, al uno hirieron, y al otro mataron, y al otro apedrearon. Envió de nuevo otros siervos, más que los primeros; e hicieron con ellos de la misma manera. Y a la postre les envió su hijo, diciendo: Tendrán respeto de mi hijo. Mas los labradores, viendo al hijo, dijeron entre sí: Éste es el heredero; venid, matémosle, y tomemos su heredad. Y tomado, le echaron fuera de la viña, y le mataron. Pues cuando viniere el señor de la viña, ¿qué hará a aquellos labradores? Le dijeron: A los malos destruirá miserablemente, y su viña dará a renta a otros labradores, que le paguen el fruto a sus tiempos». *Mateo* XXI-33.

66

Jesús ha dicho: Mostradme la piedra que han rechazado los constructores: es la piedra angular.[1]

---

1. «Díceles Jesús: ¿Nunca leísteis en las Escrituras: La piedra que desecharon los que edificaban, ésta fue hecha por cabeza de esquina; por el Señor es hecho esto, y es cosa maravillosa en nuestros ojos?» *Mateo* XXI-42. De alguna manera los constructores trabajan en el mundo exterior, con piedras exteriores. Jesús está hablando aquí de una experiencia interior, de unos cimientos interiores.

67

Jesús ha dicho: Quien conoce el Todo pero está privado de sí mismo, está privado del Todo.[1]

---

1. «Porque, ¿de qué aprovecha al hombre, si granjeare todo el mundo, y perdiere su alma? O ¿qué recompensa dará el hombre por su alma?» *Mateo* XVI-26.

68

Jesús ha dicho: Benditos seáis cuando sois odiados y perseguidos[1] y no encontráis sitio allá donde habéis sido perseguidos.

---

1. «Bienaventurados sois cuando os vituperaren y os persiguieren, y dijeren de vosotros todo mal por mi causa, mintiendo. Gozaos y alegraos porque vuestra merced es grande en los cielos: que así persiguieron a los profetas que fueron antes de vosotros». *Mateo* V-11 y 12.

69

Jesús ha dicho: Bienaventurados los perseguidos en su corazón,[1] pues estos son los que han conocido al Padre en verdad. Bienaventurados los que están hambrientos, pues el estómago de quien desea se llenará.

---

1. «Bienaventurados los que padecen persecución por causa de la justicia porque de ellos es el reino de los cielos». *Mateo* V-10.

70

Jesús ha dicho: Cuando adquiráis esto en vosotros, lo que tenéis os salvará. Si no tenéis esto en vosotros, lo que no tenéis os hará morir.[1]

---

1. Compárese con el *logión* 41: «Jesús ha dicho: Al que tenga en su mano, se le dará. Y a quien no tenga, se le quitará incluso lo poco que tiene».

71

Jesús ha dicho: Derribaré esta casa y nadie podrá reconstruirla.[1]

---

1. «Éste dijo: Puedo derribar el templo de Dios, y en tres días reedificarlo». *Mateo* XXVI-61. El templo de Dios es el hombre (véase *I Corintios* III-16) y los tres días que dura la reedificación son los tres días de la Resurrección. Jonás estuvo tres días en el vientre de la ballena, y Jesús «resucitó al tercer día.

72

Un hombre les dijo: Diles a mis hermanos que repartan conmigo los bienes de mi padre. Él le dijo: Oh hombre, ¿quién me hizo repartidor? Se volvió hacia sus discípulos y les dijo: ¿Acaso soy un repartidor?[1]

---

1. «Y le dijo uno de la compañía: Maestro, di a mi hermano que parta conmigo la herencia. Mas Él le dijo: Hombre, ¿quién me puso por juez o partidor sobre vosotros? Y les dijo: Mirad, y guardaos de toda avaricia porque la vida del hombre no consiste en la abundancia de los bienes que posee». *Lucas* XII-13 a 15.

73

Jesús ha dicho: La cosecha en verdad es abundante, pero los obreros son poco numerosos.[1] Orad sin embargo al Señor para que mande obreros para la cosecha.

---

1. «Entonces dijo a sus discípulos: A la verdad la mies es mucha, mas los obreros pocos. Rogad, pues, al Señor de la mies, que envíe obreros a su mies». *Mateo* IX-37 y 38.

74

Él ha dicho: Señor, ¡hay muchos alrededor de los pozos, pero ninguno dentro de los pozos![1]

---

1. Mucha gente da vueltas alrededor del secreto, pero pocos penetran en su interior. El pozo es un símbolo tradicional de la mujer pero también del lugar de donde podemos obtener el agua, o sea la bendición. En hebreo en la palabra «pozo» (*Bor*) podemos encontrar la palabra «luz» (*Or*).

75

Jesús ha dicho: Muchos están junto a la puerta,[1] pero los solitarios son los que entrarán en la cámara nupcial.

---

1. En cierto modo la puerta simboliza lo mismo que el pozo en el *logión* anterior. Es una «puerta estrecha» por la que los «gordos», otra manera de referirse a los ricos (véase *Mateo* XIX-23), no podrán pasar. Sólo pasarán aquellos que se hayan unificado.

76

Jesús ha dicho: El Reino del Padre es parecido a un mercader que tenía un fardo y que encontró una perla.[1] Aquel mercader era sabio, vendió su fardo, compró para sí mismo la perla única. Vosotros mismos, buscad el tesoro que perdura allí donde ni la polilla se acerca ni el gusano destruye.[2]

---

1. «También el reino de los cielos es semejante al hombre tratante, que busca buenas perlas y que, hallando una preciosa perla, fue y vendió todo lo que tenía, y la compró». *Mateo* XIII-45 y 46.
2. «No os hagáis tesoros en la tierra, donde la polilla y el orín corrompe, y donde ladronas minan y hurtan; mas haceos tesoros en el cielo, donde ni polilla ni orín corrompe, y donde ladrones no minan ni hurtan porque donde estuviere vuestro tesoro, allí estará vuestro corazón». *Mateo* VI-19 a 21.

77

Jesús ha dicho: Soy la luz que está sobre todos ellos.[1] Soy el Todo. El Todo salió de mí, y el Todo vuelve a mí. Partid la madera,[2] allí estoy. Levantad la piedra y allí me encontraréis.[3]

---

1. «Y hablóles Jesús otra vez, diciendo: Yo soy la luz del mundo; el que me sigue, no andará en tinieblas, mas tendrá la lumbre de la vida». *Juan* VIII-12.
2. ¿La madera de la puerta que hay que atravesar? Véase Log. 75.
3. De nuevo una alusión al pozo (véase Log. 74). Se trata sin duda de la piedra que cubre la entrada del pozo. Véase a este respecto el pasaje de *Génesis* XXIX en el que Jacob, sin ningún esfuerzo, levanta la piedra que sella el pozo que estaba «en la tierra de los hijos de Oriente».

78

Jesús ha dicho: ¿Por qué habéis salido al campo? ¿Para ver un junco sacudido por el viento y para ver a un hombre ataviado con vestiduras delicadas?[1] He aquí que vuestros reyes y vuestros dignatarios son los que se visten vestiduras delicadas, y ellos no podrán conocer la verdad.

---

1. «E idos ellos, comenzó Jesús a decir de Juan a las gentes: ¿Qué salísteis a ver al desierto? ¿Una caña que es meneada del viento? Mas, ¿qué salisteis a ver? ¿Un hombre cubierto de delicados vestidos? He aquí, los que traen vestidos delicados, en las casas de los reyes están. Mas, ¿qué salisteis a ver? ¿Un profeta? También os digo, y más que profeta». *Mateo* XI-7 a 9.

79

Una mujer de la multitud le dijo: ¡Bienaventurado el vientre que te ha llevado y benditos los senos que te amamantaron![1] Él le dijo: Bienaventurados sean quienes escuchan la palabra del Padre y la han observado en verdad. Pues habrá días en los que diréis: ¡Bienaventurado el vientre que no ha engendrado, y benditos los senos que no han amamantado!

---

1. «Y aconteció que diciendo estas cosas, una mujer de la compañía, levantando la voz, le dijo: Bienaventurado el vientre que te trajo, y los pechos que mamaste. Y Él dijo: Antes bienaventurados los que oyen la palabra de Dios, y la guardan». *Lucas* XI-27 y 28.

80

Jesús ha dicho: Aquel que ha conocido el mundo, ha encontrado el cuerpo y quien ha encontrado el cuerpo, el mundo no es digno de él.

81

Jesús ha dicho: Que aquel que se ha enriquecido[1] pueda reinar,[2] y que aquel que tenga poder pueda renunciar a él.

---

1. O sea aquel que ha encontrado el tesoro del que nos habla reiteradamente este evangelio (Véase Log. 45, 76 y 109).
2. Véase el Log. 2: «Que quien busca no deje de buscar hasta que encuentre, y cuando encuentre se turbará, y cuando haya sido turbado se maravillará y *reinará* sobre el todo».

82

Jesús ha dicho: Aquel que está cerca de mí está cerca del fuego,[1] y aquel que está lejos de mí está lejos del Reino.

---

1. Véase el *logión* 10: «He arrojado fuego sobre el mundo y he aquí que lo estoy vigilando hasta que arda en llamas».

83

Jesús ha dicho: Las imágenes son manifestadas al hombre y la luz que está dentro de ellas está escondida en la Luz del Padre. Él se revelará y su imagen está escondida por su luz.

84

Jesús ha dicho: Cuando veis vuestra semejanza[1] os alegráis. Pues cuando percibáis vuestras imágenes producidas antes que vosotros, las cuales ni mueren ni se manifiestan, ¡cuán grande será lo que soportaréis!

---

1. Alusión a la idea tradicional de la «imagen» (*tselem* en hebreo) y «semejanza» (*demuth* en hebreo) tomada de *Génesis* I-26 al referirse a la creación de Adán. Curiosamente el siguiente *logión* alude a Adán.

85

Jesús ha dicho: Adán salió de un gran poder y de una gran riqueza, y él no ha sido digno de vosotros. Pues si hubiera sido digno, no habría saboreado la muerte.

86

Jesús ha dicho: Las zorras tienen sus guaridas y los pájaros tienen sus nidos, pero el Hijo del Hombre no tiene un lugar para apoyar su cabeza y reposarse.[1]

---

1. «Y Jesús le dijo: Las zorras tienen cavernas, y las aves del cielo nidos mas el Hijo del Hombre no tiene donde recostar su cabeza». *Mateo* VIII-20.

87

Jesús ha dicho: Miserable es el cuerpo que depende de otro cuerpo, y miserable es el alma que depende de estos dos.

88

Jesús ha dicho: Los ángeles y los profetas vendrán a vosotros y os darán lo que es vuestro.[1] Y vosotros también, dadles lo que está en vuestras manos y decíos a vosotros mismos: ¿En qué día vendrán para recibir lo suyo?

---

1. «Porque el Hijo del hombre vendrá en la gloria de su Padre con sus ángeles, y entonces pagará a cada uno conforme a sus obras». *Mateo* XVI-27.

89

Jesús ha dicho: ¿Por qué laváis el exterior de la copa? ¿No comprendéis que quien ha hecho el interior, también es quien ha hecho el exterior?[1]

---

1. «¡Ay de vosotros, escribas y fariseos, hipócritas!, porque limpiáis lo que está fuera del vaso y del plato; mas de dentro están llenos de robo y de injusticia. ¡Fariseo ciego, limpia primero lo de dentro del vaso y del plato, para que también lo de fuera se haga limpio!» *Mateo* XXIII-25 y 26.

90

Jesús ha dicho: Venid a mí, pues mi yugo es bueno y mi dominio es dulce y hallaréis reposo para vosotros.[1]

---

1. «Venid a mí todos los que estáis trabajados y cargados, que yo os haré descansar. Llevad mi yugo sobre vosotros, y aprended de mí, que soy manso y humilde de corazón; y hallaréis descanso para vuestras almas. Porque mi yugo es fácil, y ligera mi carga». *Mateo* XI-28 a 30.

91

Ellos le dijeron: Dinos quién eres tú, para que creamos en ti.[1] Él les dijo: Reconocéis la faz del Cielo y de la Tierra mas no habéis conocido a Aquel que está en vuestra presencia, y en este momento no sabéis conocerlo.

---

1. «Dijéronle entonces: ¿Qué señal pues haces tú, para que veamos, y te creamos? ¿Qué obras?». *Juan* VI-30.

92

Jesús ha dicho: Buscad y encontraréis,[1] pero las cosas que me habéis preguntado en aquellos días, y que no os dije, ahora quiero comunicarlas, pero no preguntáis acerca de ellas.

---

1. «Pedid, y se os dará; buscad, y hallaréis; llamad, y se os abrirá. Porque cualquiera que pide, recibe; y el que busca, halla; y al que llama, se le abrirá». *Mateo* VII-7 y 8.

93

Jesús ha dicho: No deis lo que es santo a los perros,[1] para que no lo echen al estiércol. No arrojéis las perlas a los cerdos, para que no hagan con ellas (...).[2]

---

1. El perro puede aludir a Amalec, que persiguió al pueblo hebreo tras su salida de Egipto. Es un símbolo de las fuerzas del mal a quienes el hombre no ha de entregar su alma.
2. «No deis lo santo a los perros, ni echéis vuestras perlas delante de los puercos; porque no las rehuellen con sus pies, y vuelvan y os despedacen». *Mateo* VII-6. Quizá por ello mismo los profetas enseñan con parábolas para que sus enseñanzas (las perlas) no se vuelvan contra ellos.

94

Jesús ha dicho: Aquel que busque encontrará, y a aquel que llama se le abrirá.[1]

---

1. «Pedid, y se os dará; buscad, y hallaréis; llamad, y se os abrirá. Porque cualquiera que pide, recibe; y el que busca, halla; y al que llama, se le abrirá». *Mateo* VII-7 y 8.

95

Jesús ha dicho: Si tenéis dinero no lo prestéis con usura, sino dad a aquel de quien no lo recibiréis.[1]

---

1. «Y si prestareis a aquellos de quienes esperáis recibir, ¿qué gracias tendréis? porque también los pecadores prestan a los pecadores, para recibir otro tanto». *Lucas* VI-34.

96

Jesús ha dicho: El Reino del Padre es parecido a una mujer que ha tomado un poco de levadura y la ha escondido en la masa, y ha hecho con ella grandes panes. Que aquel que tenga oídos, ¡que oiga![1]

---

1. «Otra parábola les dijo: El reino de los cielos es semejante a la levadura que tomó una mujer, y escondió en tres medidas de harina, hasta que todo quedó leudo». *Mateo* XIII-33.

97

Jesús ha dicho: El Reino del Padre es parecido a una mujer que lleva una jarra llena de harina. Mientras estaba andando por un camino lejano, se rompió el asa de la jarra y la harina se derramó detrás de ella sobre el camino. No se dio cuenta y no supo la desgracia. Cuando llegó a su casa, puso la jarra en el suelo, la encontró vacía.[1]

---

1. Una alegoría de la vida, que vamos perdiendo como la harina de la parábola.

98

Jesús ha dicho: El Reino del Padre es parecido a un hombre que quiso matar a un gran personaje. Desenvainó su espada en su casa, la clavó en la pared para averiguar si su mano estaría bastante segura. Luego mató al gran personaje.

99

Sus discípulos le dijeron: Tus hermanos y tu madre están afuera. Él les dijo: Quienes están aquí, que cumplen la voluntad de mi Padre, estos son mis hermanos y mi madre.[1] Ellos son los que entrarán en el Reino de mi Padre.

---

1. «Y le dijo uno: He aquí tu madre y tus hermanos están fuera, que te quieren hablar. Y respondiendo Él al que le decía esto, dijo: ¿Quién es mi madre y quiénes son mis hermanos? Y extendiendo su mano hacia sus discípulos, dijo: He aquí mi madre y mis hermanos. Porque todo aquel que hiciere la voluntad de mi Padre que está en los cielos, ese es mi hermano, y hermana, y madre». *Mateo* XII–47 a 50.

100

Le mostraron a Jesús una moneda de oro y le dijeron: Las gentes del César nos exigen tributos. Él les dijo: Dad al César lo del César, dad a Dios lo de Dios,[1] y dadme a mí lo que es mío.

---

1. «Y le enviaron los discípulos de ellos, con los herodianos, diciendo: Maestro, sabemos que eres amador de la verdad, y que enseñas con verdad el camino de Dios, y que no te curas de nadie, porque no tienes acepción de persona de hombres. Dinos pues, ¿qué te parece? ¿Es lícito dar tributo al César, o no? Mas Jesús, entendida la malicia de ellos, les dice: ¿Por qué me tentáis, hipócritas? Mostradme la moneda del tributo. Y ellos le presentaron un denario. Entonces les dice: ¿De quién es esta figura, y lo que está encima escrito? Le dijeron: Del César. Y les dijo: Pagad pues al César lo que es del César, y a Dios lo que es de Dios. Y oyendo esto, se maravillaron, y dejándole, se fueron». *Mateo* XXII-16 a 22.

101

Jesús ha dicho: El que no odie a su padre y a su madre como yo, no podrá ser discípulo mío.[1] Y quien no ame a su Padre y a su Madre como yo, no podrá ser discípulo mío. Pues mi madre,[2] mas mi Madre verdadera me dio la Vida.

---

1. «El que ama padre o madre más que a mí, no es digno de mí; y el que ama hijo o hija más que a mí, no es digno de mí». *Mateo* X-37. Recordemos que Abraham tuvo que dejar la tierra en la que vivía, tuvo que abandonar a su padre y a su madre para cumplir su misión.
2. Sin duda se refiere a su madre terrenal y podríamos leer, como aparece en algunas traducciones: «mi madre me parió».

102

Jesús ha dicho: ¡Ay de los fariseos!,[1] pues se parecen a un perro apoyado en el pesebre de los bueyes. Ya que ni come ni deja que coman los bueyes.[2]

---

1. «Mas ¡ay de vosotros, fariseos! que diezmáis la menta, y la ruda, y toda hortaliza; mas el juicio y la caridad de Dios pasáis de largo. Pues estas cosas era necesario hacer, y no dejar las otras». *Lucas* XI-42.
2. «Mas ¡ay de vosotros, escribas y fariseos, hipócritas!, porque cerráis el reino de los cielos delante de los hombres; que ni vosotros entráis, ni a los que están entrando dejáis entrar». *Mateo* XXIII-13.

103

Jesús ha dicho: Bienaventurado el hombre que sabe en qué momento de la noche vendrán los ladrones, porque se levantará y recogerá sus pertenencias y ceñirá sus riñones antes de que entren.[1]

---

1. «Velad pues, porque no sabéis a qué hora ha de venir vuestro Señor. Esto empero sabed, que si el padre de la familia supiese a qué hora el ladrón había de venir, velaría, y no dejaría minar su casa. Por tanto, también vosotros estad apercibidos porque el Hijo del Hombre ha de venir a la hora que no pensáis». *Mateo* XXIV-42 a 44.

104

Ellos le dijeron: ¡Ven, oremos y ayunemos hoy! Jesús les dijo: ¿Cuál es el pecado que he cometido, o en qué he sido vencido? Pero cuando salga el novio de la cámara nupcial, ¡entonces que ayunen y oren![1]

---

1. «Entonces los discípulos de Juan vienen a Él, diciendo: ¿Por qué nosotros y los fariseos ayunamos muchas veces, y tus discípulos no ayunan? Y Jesús les dijo: ¿Pueden los que están de bodas tener luto entre tanto que el esposo está con ellos? mas vendrán días cuando el esposo será quitado de ellos, y entonces ayunarán». *Mateo* IX-14 y 15.

105

Jesús ha dicho: el que conozca al padre y a la madre, será llamado hijo de meretriz.

106

Jesús ha dicho: Cuando hagáis de dos uno, os volveréis hijos del hombre y cuando digáis a la montaña, «¡Muévete!», se moverá.[1]

---

1. La idea de que «la fe mueve montañas» nos parece muy típica del cristianismo, pero debemos buscar su origen en una leyenda judía. Ésta dice así: «Después de un largo viaje, finalmente Jacob llegó a Jarán. Al llegar allí, recordó que en el camino había pasado por *Har Hamoriá* (el monte Moria) y que no se detuvo a rezar allí. "¿Qué hice? (se preguntó), pasé por el lugar donde mis padres Abraham e Isaac solían decir sus oraciones y no aproveché la oportunidad para rezar allí". Sin dudarlo, se dio media vuelta y comenzó el viaje de regreso hasta *Har Hamoriá*. Como recompensa por sus intenciones de regresar por un camino tan largo para poder recitar sus oraciones en un lugar sagrado, Dios hizo un milagro para Jacob: *Har Hamoriá* vino hacia él y llegó en un tiempo muy breve».

107

Jesús ha dicho: El Reino es parecido a un pastor que tenía cien ovejas. Se extravió una de ellas, que era la más gruesa. Él dejó las noventa y nueve y buscó a la una hasta que la hubo encontrado. Después de su pena, dijo a la oveja: ¡Te amo más que a las noventa y nueve![1]

---

1. Porque el Hijo del hombre ha venido para salvar lo que se había perdido. ¿Qué os parece? Si tuviese algún hombre cien ovejas, y se descarriase una de ellas, ¿no iría por los montes, dejadas las noventa y nueve, a buscar la que se había descarriado? Y si aconteciese hallarla, de cierto os digo, que más se goza de aquélla, que de las noventa y nueve que no se descarriaron. *Mateo* XVIII-11 a 13. Varias leyendas de origen semítico hablan de cien Nombres de Dios de los cuales se conocen noventa y nueve. La oveja número cien representaría al Nombre desconocido.

108

Jesús ha dicho: El que beba de mi boca,[1] se volverá como yo y yo también me volveré él, y las cosas ocultas se le revelarán.

---

1. «Mas en el postrer día grande de la fiesta, Jesús se ponía en pie y clamaba, diciendo: Si alguno tiene sed, venga a mí y beba». *Juan* VII-37.

109

Jesús ha dicho: El Reino es parecido a un hombre que tenía un tesoro escondido[1] en su campo sin saberlo. Y después de morir, lo legó a su hijo. El hijo no lo sabía, aceptó aquel campo, lo vendió. Y el que lo compró, arándolo, descubrió el tesoro. Empezó a prestar dinero con usura a quienes quería.

---

1. «Además, el reino de los cielos es semejante al tesoro escondido en el campo el cual, una vez hallado, el hombre lo encubre, y de gozo de ello va, y vende todo lo que tiene, y compra aquel campo». *Mateo* III-44.

110

Jesús ha dicho: Aquel que ha encontrado el mundo y se ha hecho rico, que pueda renunciar al mundo.[1]

---

1. Es verdaderamente rico aquel que es capaz de renunciar a todo, incluso a sí mismo. Como escribe Cattiaux, (*op. cit.* pág. 63) «Aquel que posee el fuego secreto puede adquirir y renunciar a todo sin perjuicio».

111

Jesús ha dicho: El Cielo y la tierra pasarán en vuestra presencia. Y viviente salido del Viviente no verá la muerte ni el miedo pues Jesús ha dicho: El que se encuentre a sí mismo, el mundo no es digno de él.

112

Jesús ha dicho: ¡Ay de la carne que depende del alma, ay del alma que depende de la carne!

113

Sus discípulos le dijeron: ¿Cuándo vendrá el Reino? Jesús dijo: No vendrá con una espera. No dirán, «ya está aquí» o «ya está allí», mas el Reino del Padre está esparcido sobre la Tierra y los hombres no lo ven.[1]

---

1. «Y preguntado por los fariseos, cuándo había de venir el Reino de Dios, les respondió y dijo: El Reino de Dios no vendrá con advertencia; ni dirán: Helo aquí, o helo allí: porque he aquí que el Reino de Dios entre vosotros está». *Lucas* XVII-20 y 21. Los hombres no ven el Reino del Padre «porque están ciegos en sus corazones» (Log. 28).

114

Simón Pedro le dijo: Que María salga de entre nosotros, pues las mujeres no son dignas de la Vida. Jesús dijo: Yo la guiaré para hacerla macho, para que ella también se vuelva un espíritu viviente semejante a vosotros, machos. Pues toda mujer que se hiciera macho entrará en el Reino de los Cielos.

El evangelio según Tomás.

APÉNDICE

El *Evangelio según Tomás* a la luz del *Canto de la Perla*[1]

El descubrimiento, en 1945, de cincuenta tratados escritos en lengua copta, la mayoría de ellos *evangelios apócrifos*, fue trascendental para el estudio del cristianismo primitivo. Nacido de la religión de Israel, apoyándose en sus Escrituras, el cristianismo es, sin duda, un fenómeno muy complejo pues, muy pronto, se ve fecundado, por no decir influido, por el helenismo. Aparecen escuelas y doctrinas como el Valentinismo, el Marcionismo, etc., denominadas «gnósticas» que, al instituirse con Constantino el cristianismo como religión de Estado, la Iglesia oficial se esfuerza en combatir, disolviéndolas mediante amenazas de excomunión de sus miembros y destruyendo sus textos. A pesar de ello, son innegables

---

1. Publicado en «La Puerta» n.º 2, Barcelona, 1979, pág. 35. El texto íntegro del *Canto de la Perla* puede encontrarse en *Las Bodas Alquímicas de Christian Rosacruz*, Ediciones Obelisco, Barcelona 1996.

las influencias gnósticas en san Pablo o en Orígenes, entre otros.

Los *evangelios* hallados en 1945 en Kenoboskión (Alto Egipto) parecen pertenecer a una de estas sectas gnósticas que, antes de ver quemados sus textos, prefirieron ocultarlos en una caverna. Uno de estos *evangelios*, quizás el que se conserva en mejor estado, es el *Evangelio según Tomás*. Harto conocido en la actualidad gracias a los trabajos de H. Ch. Puech, A. Guillaumont y J. Doresse, entre otros, su lector se encuentra con que, si bien muchas de las parábolas o *logiones* contenidos en él aparecen también en alguno de los cuatro *evangelios* canónicos: los hay que difieren considerablemente de los hasta ahora conocidos.

El presente trabajo pretende exponer algunos de estos *logiones* que no aparecen ni en los sinópticos ni en san Juan y cuya comprensión puede ser ampliada al compararlos con otros textos apócrifos, especialmente el *Canto de la Perla*.

Según uno de estos textos, el *Pistis Sofía*, (caps. 42 y 43), después de su resurrección Cristo habría encomendado a Tomás, Felipe y Matías la misión de relatar todos sus actos y poner por escrito sus palabras. Estos tres apóstoles podrían ser los tres testigos que, según *Deuteronomio* XIX-15, son necesarios para dar fe de una verdad.

En otro tratado hallado en Kenoboskión, la *Sabiduría de Jesús*, Felipe, Tomás y Matías son, junto a Mariamné y Bartolomé, los únicos interlocutores asociados al Salvador resucitado. Sin duda para varias de estas sectas gnósticas, los *evangelios* de Tomás, Felipe y Matías (todos ellos se encontraban en Kenoboskión) ocupaban el lugar de los sinópticos utilizados por la Iglesia.[2]

El *Evangelio según Tomás*, que no tiene la forma y la composición de los sinópticos, es un compendio de parábolas o dichos puestos en boca de Jesús. Se trata, sin embargo, de sus palabras secretas. «He aquí las palabras secretas que ha dicho Jesús el viviente,[3] y que escribió Dídimo Judas Tomás». ¿Por qué son secretas estas palabras?, se preguntará el lector.

«Quien halle la interpretación de estas palabras, no saboreará la muerte», (Log. 1). Parece responder el primer *logión* del *evangelio*, incitando a una búsqueda.

«Que quien busca no deje de buscar hasta que encuentre,[4] y cuando encuentre se turbará, y cuando haya sido turbado se maravillará y reinará sobre el todo» (Log. 2).

> «Muchas veces habéis deseado escuchar estas palabras que os proclamo, y no tenéis otro de quien oírlas». (Log. 38).

---

2. Véase J. Doresse, *L'Evangile selon Tomás ou les paroles secrètes de Jésus*, ed. Plon, pág. 79.
3. En el cap. 60 de los *Actos de Tomás*, Jesús es llamado «Aquel que es la Vida Eterna y que la da».
4. *Véase* nota 2.

Así pues, no parece claro si la búsqueda a la que nos incita Jesús es la de la interpretación de sus palabras o de otra cosa, como es el caso del protagonista del *Canto de la Perla*. En un texto maniqueo vemos también que se atribuye un extraordinario valor a las palabras del Salvador:

> «Mani, apóstol de Jesucristo, por la providencia de Dios el Padre. He aquí las palabras de la salvación que vienen del Manantial eterno y viviente: Aquel que las escuchará, que, al principio, las creerá y luego las conservará hasta que hayan puesto en la profundidad de si mismo, éste no estará nunca sujeto a la muerte, pero, al contrario, gozará de la vida eterna de la Gloria».[5]

Dídimo Judas Tomás, que transcribe estas «palabras secretas» de Jesús no es otro que Tomás, el apóstol: «Tomás llamado Dídimo», según el *Evangelio de San Juan*, «Judas Tomás y no el Iscariote». En los *Actos de Tomás*, donde se encuentra el *Canto de la Perla*, el apóstol es llamado a menudo Judas Tomás (*Ioudas ho kai Thômas*).[6] Héroe de estos *Actos* (véase cap. X, 47

---

5. Citado por F. Decret, *Mani et la tradition Manichéène*, ed. Du Seuil, pág. 80.
6. Véase H. Ch. Puech, *En quête de la Gnose*, vol. II, Gallimard, París 1978, pág. 42.

y 48) es al mismo tiempo el confidente y revelador de las palabras secretas de Jesús. *Dídimus* en griego, significa lo mismo que *tauma* en arameo, o sea 'gemelo', y en el cap. 38 de los *Actos de Tomás*, el apóstol es interpelado de la siguiente manera: «gemelo de Cristo, apóstol del Altísimo y co-iniciado en la doctrina secreta de Cristo, tú que has recibido sus propósitos, sus *logia* secretos». Estas palabras certifican que existe una relación innegable entre el *Evangelio según Tomás* y los *Actos de Tomás*.

Leamos algunos de los *logiones* del *Evangelio según Tomás* comparándolos con el *Canto de la Perla*.

«Si os dicen ¿De dónde habéis salido?, decidles: Hemos nacido de la luz,[7] allí donde la luz ha nacido de sí misma,[8] ella se ha alzado y ha revelado su imagen». (Log. 50).

Se adivinará fácilmente que «el lugar donde la luz ha nacido de sí misma» recuerda lo que en el *Canto de la Perla* se llama «Oriente», punto cardinal por donde aparece el sol y que es la patria de su protagonista.

---

7. Véase J. Doresse, *L'Evangile selon Tomás ou les paroles secrètes de Jésus*, ed. Plon, pág. 79.
8. En el cap. 60 de los *Actos de Tomás*, Jesús es llamado «Aquel que es la Vida Eterna y que la da».

«Se ha revelado en su imagen (*eikon*)» merece también ser comentado. En otro *logión* de este evangelio leemos:

> «Cuando veis vuestra semejanza, os alegráis, pero cuando percibáis vuestras imágenes (*eikon*), producidas antes que vosotros, las cuales ni mueren ni se manifiestan, ¡cuán grande será lo que soportareis!» (Log. 84).

La palabra griega *eikon* es la traducción exacta de la hebrea *tselem*, 'imagen', que aparece en *Génesis* I, 27. Para G. Scholem, gran especialista en Cábala y Tradición hebrea,[9] *tselem* correspondería a la *daena* iraniana. Según un fragmento maniqueo llamado *Turfan*,[10] el tercer día después de la muerte y la víspera antes de atravesar el puente Cinvat, el alma del difunto ve aparecer ante ella, semejante a una joven, a la *daena*, su imagen, o la encarnación de su fe y de sus buenas acciones. No podemos dejar de relacionar a la *daena* con el «atuendo resplandeciente» del *Canto de la Perla*. El fiel es guiado por ésta y luego, unido a ella, penetra en el Paraíso.

---

9. ibídem pág. 118.
10. ibídem pág. 120.

En el *Canto de la Perla* el protagonista dice:

> «Separados habíamos sido dos; reunidos no éramos más que uno».

Y en el Log. 106 del *Evangelio según Tomás* leemos:

> «Cuando hagáis de dos uno, os volveréis hijo del hombre [...]».

Este uno, es el 'solitario' (*monakos*), semejante a Cristo, pues sólo a Cristo se le denomina «Hijo del Hombre». Sin embargo el sentido último de *monakos* no es el hombre solo, sino el hombre que ha recobrado la Unidad original. H. Ch. Puech propone traducir *monachos* como «unificado».[11] Comparémoslo con el Log. 49 que dice:

> «Bienaventurados sean los solitarios y los elegidos porque encontraréis el Reino, pues habéis salido de él y de nuevo entraréis en él».

¿No se trata de nuevo de Oriente, de donde sale el protagonista del *Canto de la Perla* y donde ha de regresar, hecho uno con su imagen o sea con su «atuendo resplandeciente»?

---

11. *En Quête de la Gnose*, vol. II, Gallimard, París 1978, pág. 168.

Otro curioso *logión* del *Evangelio según Tomás*, que aparece sin embargo en *Mateo* XIII, 45-46 nos dice:

> «El Reino del Padre es parecido a un mercader que tenía un fardo y que encontró una perla. Aquel mercader era sabio, vendió su fardo, compró para sí mismo la perla única. Vosotros mismos, buscad el tesoro que perdura allí donde ni la polilla se acerca ni el gusano destruye». (Log. 76).

Observemos que en la época, los comerciantes eran a menudo nómadas que viajaban en caravanas. En la tradición islámica y posiblemente también en la hebrea, la caravana es un símbolo de la peregrinación. El fardo que tenía el comerciante aparece en las primeras líneas del *Canto de la Perla* y le es dado al héroe cuando éste sale de Oriente, su patria, en busca de la perla. La perla o el tesoro, que en el fondo son lo mismo, se encuentran también en el *Canto de la Perla*, custodiados por una serpiente o un dragón, según la versión. El protagonista debe buscarla, pero, al comer el alimento de los egipcios, se olvida de ello, y también de que es hijo de reyes.

El Log. 28 del *Evangelio según Tomás* nos dice: «Me he mantenido en medio del mundo y me he revelado a ellos en la carne. Los encontré a todos ebrios y no encontré a ninguno sediento. Y mi alma se ha apenado por los hijos de los hombres, porque están ciegos en sus corazones [...]»

Para H. Ch. Puech este *logión* se refiere a la «ebriedad donde se ha colocado el hombre por el hecho de la generación y de su venida al mundo y donde vacío, privado de toda consciencia de sí mismo, de todo recuerdo de su verdadero origen y de su naturaleza espiritual, se debate, buscando en vano, pues no posee el *conocimiento* que le proporcionaría la llave de su situación presente y el medio de evadirse, de liberarse de la servidumbre carnal».

¿Dónde está este *conocimiento* que le sirve para evadirse de la servidumbre del rey de Egipto, para quien debe trabajar el protagonista del *Canto de la Perla*, en su estado de embotamiento y ebriedad?[12]

¿No se trata de la carta que «voló como el águila» y se posó cerca de él, haciéndose enteramente palabra? «Las palabras de mi carta eran las mismas que estaban grabadas en mi corazón».

¿No es éste el mensaje de su Padre, el eterno Mensaje Profético que los hijos de los hombres, «ciegos en su corazón» raramente saben reconocer y apreciar?

---

12. *En Quête de la Gnose*, vol. II, Gallimard, París 1978, pág. 168.

ÍNDICE

Pólogo 5

Evangelio según Tomás 18

Apéndice: El *Evangelio según Tomás*
a la luz del *Canto de la Perla* 133